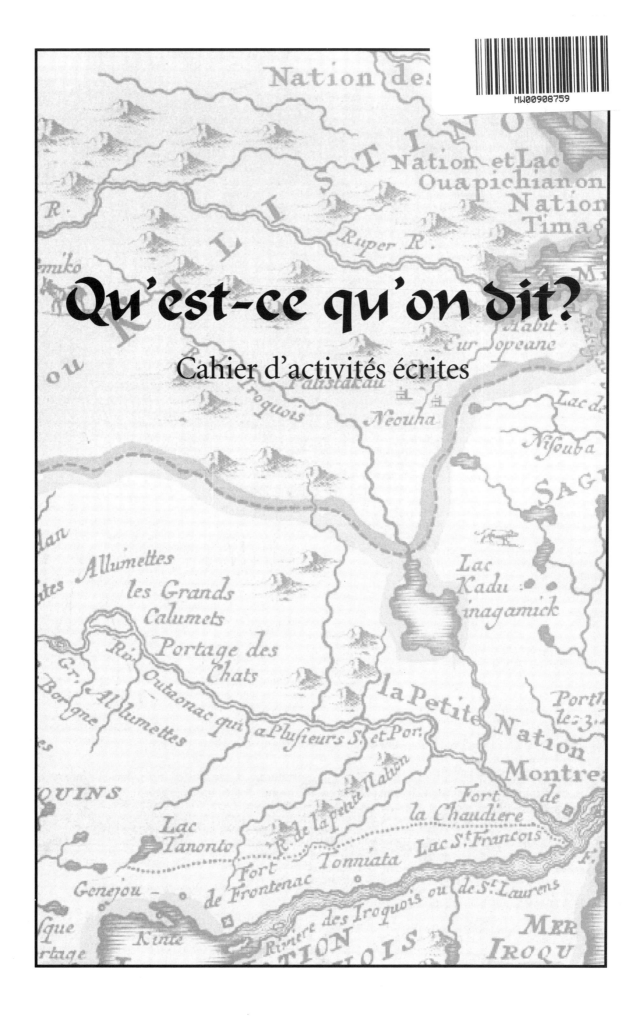

Qu'est-ce qu'on dit?

Cahier d'activités écrites

Manufactured in the United States of America.

ISBN 0-8384-4489-X

Heinle & Heinle Publishers is a division of Wadsworth, Inc.

10 9 8 7 6 5 4 3 2 1

Table des matières

Chapitre préliminaire
On commence!

By the end of this chapter, you should be able to do the following in French:

- Greet others, introduce yourself, and say good-bye
- Spell your name and other words
- Count and tell addresses
- Understand what your professor tells you to do, and ask for clarification
- Make a few statements about yourself
- Tell the time and day

Soyez les bienvenus!

A. Homme ou femme? Decide (or guess!) whether each of these French names refers to a man (**un homme**), a woman (**une femme**), or either (**les deux**). Write your choice next to each name. Some of them may surprise you. When you are finished, check your choices against the lists on page 10 of your textbook.

EXEMPLE Pierre → **un homme**

1. Andrée _____
2. François _____
3. Émile _____
4. Dominique _____
5. Simone _____

6. Claude _____
7. Jeanne _____
8. Jean-Luc _____
9. Michel _____
10. Danielle _____

B. Les villes francophones. French is spoken in all of the following cities. Can you identify, in English, in which country each city is found? Write the name of the country next to the city name.

1. Bruxelles _____
2. Alger _____
3. Lyon _____
4. Saïgon _____

5. Port-au-Prince _____
6. Montréal _____
7. Dakar _____
8. Fort-de-France _____

C. Français ou anglais? Some of the following French words have passed into common usage in English. Circle all of those you recognize from English usage.

à propos	concierge	**à la carte**	*au jus*	SOMMELIER
objet d'art	CHEF	fait accompli		tête-à-tête
ESPIONNAGE	**en croûte**	en cachette	**au courant**	
de rigueur	AU GRATIN	vis-à-vis	HÔTEL	laissez-faire

D. Les accents. In French, accents may indicate how a word is pronounced, and sometimes the presence or absence of an accent changes a word's meaning entirely. For example, the word **ou** means *or*, whereas the accented word **où** means *where*. With the exception of the **cédille**, which occurs only on the letter **c** (**ç**), you will find accents only on vowels. Study the following accent-vowel combinations and then do the exercise at the end.

VOWELS and Possible accents	EXAMPLES
a + *accent grave,* à	à là-bas au-delà
a + *accent circonflexe,* â	pâté âme mât
e + *accent aigu,* é	écouter répéter étudier
e + *accent grave,* è	bibliothèque lève grève
e + *accent circonflexe,* ê	tête fête grêle forêt
e + *tréma,* ë	Noël Joël
i + *accent circonflexe,* î	dîner gîte
i + *tréma,* ï	naïf aïe Haïti
o + *accent circonflexe,* ô	hôtel hôtesse rôti
u + *accent grave,* ù	où
u + *accent circonflexe,* û	piqûre mûr sûr

When writing in French, you will need to pay very close attention to accents, because a misplaced accent can often be the cause of an embarrassing mistake. For example, **mûr** is an adjective meaning *ripe* or *mature*, but the word **mur** means *wall*! With practice, you will learn to determine where the accents should go on a word and how it should then be pronounced. In the meantime, learn accents as part of the spelling of words. To get you started, recopy the following sentences, making sure to place the accents where they belong.

1. Mon père va à l'hôtel où il travaille avec Andrée et François.

   _____

2. Nous préférons parler français à la bibliothèque et écouter les cassettes là-bas.

   _____

3. Ces enfants naïfs rêvent de dîner avec le président de la République française.

   _____

4. Ça alors! Ce pâté coûte très cher! J'en achète un autre à la charcuterie.

   _____

SUJET DE CONVERSATION 1   Meeting and greeting people you don't know well

A. Qu'est-ce qu'on dit à...? How would you greet the following persons in a formal situation? Write an appropriate response below each item.

1. your father's employer

   _____

2. your French professor

   _____

3. your best friend's mother

   _____

4. a woman interviewing you for a job

   _____

B. Comment allez-vous? How would you answer the question **Comment allez-vous?** in the following contexts? Write an appropriate response below each item.

1. You feel great after a good night's sleep.

   _____

2. You have a headache.

   _____

3. You just got an A on your French exam.

   _____

4. You're a bit tired at the end of the school day.

   _____

C. Une mini-conversation. Complete the following short dialogue with an appropriate vocabulary expression from page 3 of the textbook.

— _____! Je m'appelle _____.

Et vous, _____?

— _____ Mme Dufeu.

— _____ madame!

— _____ monsieur / mademoiselle!

— _____ madame?

— _____, merci. Et vous?

— _____.

A. Qu'est-ce qu'on dit...? Greet the following persons appropriately and ask for the indicated information.

1. Ask an old friend from high school how he or she is today.

_____

2. Ask a new classmate his or her name.

_____

3. Say good-bye to your friends after class.

_____

4. Say good-bye to someone you expect to see later in the day.

_____

5. Say good-bye to your professor until tomorrow.

_____

B. Formel ou familier? Ask the following questions in a formal or familiar fashion, according to the context.

1. Greet and ask a young female shopkeeper how she is today.

_____

2. Greet and ask a male stranger how he is today.

_____

3. Greet a new classmate and ask what his or her name is.

_____

4. Greet your French professor and ask how he or she is today.

_____

C. Mini-conversations. Write two short dialogues. In the first, create a conversation in which you and a new classmate greet each other on the first day of class, exchange names, and find out how each other is. In the second, exchange the same information with a new professor on the first day of class.

1. _____   **2.** _____

_____   _____

_____   _____

_____   _____

_____   _____

SUJET DE CONVERSATION 3　Counting and spelling

A. Encore des sigles! Here are some more French acronyms. Indicate what the French would call the following things by writing the underlined initial letter of each word. Then look at the list in the right column and guess what each one refers to and write the appropriate letter next to its abbreviation.

1. une <u>h</u>abitation à <u>l</u>oyer <u>m</u>odéré = une ____ ____ ____

    a. the French train company

2. une <u>b</u>ande <u>d</u>essinée = une ____ ____

    b. subsidized housing

3. la <u>R</u>égie <u>a</u>utonome des <u>t</u>ransports

   <u>p</u>arisiens = la ____ ____ ____ ____

    c. a French television network

4. <u>T</u>élé<u>f</u>rance <u>1</u> = ____ ____ ____

    d. a comic strip

5. la <u>S</u>ociété <u>n</u>ationale des <u>c</u>hemins de

   fer <u>f</u>rançais = la ____ ____ ____ ____

    e. Parisian metro and bus company

B. C'est combien? The **franc** is the French unit of money. Write out these prices following the example.

EXEMPLE　un café (15 F)　→　**C'est quinze francs.**

1. un Coca (18 F)　C'est _____

2. un journal (16 F)　C'est _____

3. un sandwich (26 F)　C'est _____

4. un timbre (*stamp*) (8 F)　C'est _____

5. un magazine (21 F)　C'est _____

C. Voici votre monnaie. If you paid for the items in Exercise B with the following ten-franc coins and twenty-franc bills, how much change would you receive? Follow the example. (**Moins** means *minus*, and **ça fait** means *makes*.)

EXEMPLE 　**Vingt francs moins quinze francs, ça fait cinq francs.**

1.  _____

2. _____

3.  _____

4. _____

5.  _____

SUJET DE CONVERSATION 4   Understanding class instructions

A. Vous êtes le professeur! You are in charge of the class for this activity. Write the letter of the corresponding command below each illustration.

a. Écrivez la phrase au tableau.
b. Levez-vous.
c. Lisez la page vingt-sept.

d. Faites les devoirs dans le cahier d'activités orales.
e. Ouvrez votre livre.
f. Fermez votre livre.

_____

_____

_____

_____

_____

_____

B. Comment? Tell or ask your professor the following things.

1. Ask him or her how to say *book* in French.

_____

2. Ask him or her to repeat the sentence.

_____

3. Tell him or her that you don't understand.

_____

4. Ask him or her what the word **étudier** means.

_____

5. Tell him or her that you don't know the answer.

_____

C. Des instructions logiques. Complete each of the following instructions logically, using the vocabulary you have learned in this section.

1. Écoutez... _____

2. Lisez... _____

3. Ouvrez... _____

4. Prenez... _____

5. Faites... _____

SUJET DE CONVERSATION 5   Talking about yourself

A. Moi... Complete the following sentences appropriately, providing some information about yourself.

1. J'habite _____.

   Je n'habite pas _____.

2. Je parle _____.

   Je ne parle pas _____.

3. Je suis _____.

   Je ne suis pas _____.

4. Je pense que le français est _____.

B. Qui suis-je? Using Catherine Deneuve's description of herself as an example, tell how four other famous people you find interesting would describe themselves. Have them say their name, their nationality, what city they are from, and what city they live in now. Use a dictionary to look up their nationalities, if necessary.

EXEMPLE   **Je m'appelle Catherine Deneuve. Je suis française. Je suis de Paris et j'habite à Paris maintenant.**

1. _____
   _____

2. _____
   _____

3. _____
   _____

4. _____
   _____

C. Une interview. Answer the following personal questions by writing a complete sentence.

1. Comment vous appelez-vous? _____

2. Vous êtes américain(e)? _____

3. Vous habitez à Paris maintenant? _____

4. Vous êtes de New York? _____

5. Vous travaillez beaucoup? _____

A. Quelle heure est-il? Tell what time it is in French, using the expressions **du matin**, **de l'après-midi**, or **du soir** as appropriate.

EXEMPLE   1:20 P.M.   →   **Il est une heure vingt de l'après-midi.**

1. 9:10 A.M. _____

2. 4:45 P.M. _____

3. noon _____

4. 8:30 P.M. _____

5. 12:15 A.M. _____

6. 10:40 P.M. _____

B. À quelle heure? Tell what time during the day you do the following things.

1. When you get up: _____

2. When you are in French class: _____

3. When you go home: _____

4. When you eat dinner: _____

5. When you go to bed: _____

C. Mon emploi du temps. Provide a few details about your schedule, saying on what days and at what time you do the indicated things.

1. Je suis dans la classe de français... _____

2. Je travaille... _____

3. J'étudie à la bibliothèque... _____

4. Je ne travaille pas... _____

5. Je ne suis pas en classe... _____

Chapitre 1
À l'université

By the end of this chapter, you should be able to do the following in French:
- Identify and describe people
- Describe your university
- Get to know others
- Compare your classes

Pour commencer

A. Hommes et femmes. Provide the feminine equivalent of the following words.

LES HOMMES	LES FEMMES
un garçon	_____
un jeune homme	_____
un homme	_____
un monsieur	_____

B. Qui est-ce? Identify these types of people as shown in the examples.

EXEMPLES

C'est une fille.

Ce sont des enfants.

1.

_____

2.

_____

3.

_____

4.

_____

5.

_____

6.

_____

C. Et toi? If a classmate asked you these questions, how would you answer? Write in complete sentences.

1. Tu es étudiant(e)?

   _____

2. Nous sommes dans le même cours de français, n'est-ce pas?

   _____

3. Tu penses que le français est difficile?

   _____

4. Tu parles espagnol aussi?

   _____

5. Tu es américain(e)?

   _____

6. Tu es d'ici?

   _____

7. Tu habites ici maintenant?

   _____

8. Tu travailles aussi?

   _____

D. Entre amis. You are introducing two friends from school to each other. Using David's introduction of Annette to Jean-Luc on page 31 of the textbook as a model, create a logical conversation.

_____

_____

_____

_____

_____

_____

Comment s'y prendre?

Read the following excerpt from a brochure for the **Université canadienne en France** and do these activities.

A. Mots apparentés. Circle all the cognates you see in the excerpt.

B. Avez-vous compris? Use cognates to help you find this information.

1. What is the minimum number of credits a student can take? _____

2. What is the maximum? _____

3. What courses could you recommend for . . .

someone interested in history? _____

_____

someone interested in art? _____

_____

someone interested in music? _____

_____

SESSION DU PRINTEMPS

Du 10 mai au 19 juin
Les étudiants et étudiantes doivent s'inscrire à un minimum de 6 crédits (équivalent d'un plein cours) jusqu'à un maximum de 12 crédits. Les cours de trois crédits suivants (en français ou en anglais selon le cas) sont offerts* :

Archéologie de la Méditerranée
Histoire de l'art : La Renaissance; l'Art français du XIXe et XXe siècles
Commerce (6 crédits) : Le commerce international
Écrivains anglais de la Méditerranée
Beaux-arts : Le dessin; L'histoire du cinéma français
Français : Le roman français moderne
Géographie : La Communauté économique européenne
Histoire du monde
Méditerranée moderne

Introduction interdisciplinaire à la culture européenne de la période suivant la Renaissance
Musique et culture populaires
Science politique : La Communauté européenne
Semi-intensive French (3 crédits) : S'adresse aux étudiants qui désirent le suivre de concert avec un ou plusieurs cours offerts lors de la session du printemps.

Le programme intensif de français (12 crédits)
Le programme intensif de français est destiné aux étudiants qui désirent apprendre le français ou améliorer leurs connaissances dans cette langue. Au début de la session, ils doivent se soumettre à un test de classement qui permet de déterminer le niveau qui répond le mieux à leurs besoins.

* Programmation sujette à changement

Qu'est-ce qui se passe?

Voilà ce qui arrive. Reread the story in the *Qu'est-ce qui se passe?* section of the textbook (pages 34–35). Then complete the following paragraph using the choices given below.

	Annette	**suis**	**Vous ne comprenez pas!**
arrive	COMPREND	la situation	ELLE NE PARLE PAS
	pense	des sœurs jumelles	*SAUVÉE*

David _____ au musée Archéologique et il voit Yvette. Il dit: «Salut,

Annette» parce qu'il _____ que c'est son amie Annette. Yvette

répond avec difficulté parce qu' _____ très bien français. Elle dit:

«_____. Je ne suis pas Annette. Je _____

Yvette.» David ne _____ pas. Finalement,

_____ arrive et Yvette est _____.

David comprend _____. Annette et Yvette sont

_____.

Remarquez que...

The headlines below and the information on page 36 of the textbook can help you answer some of the following questions about the **baccalauréat**. For others, try to guess. Check your answers at the end.

> # 598 863 CANDIDATS À L'ASSAUT DU BAC
> ## L'épreuve de philosophie, c'est aujourd'hui.
>
> ## Bac : l'heure de vérité.
>
> # Jour J pour les aspirants-bacheliers
> ### Ils seront cette année 598 863 à tenter de décrocher, toutes séries confondues, ce diplôme convoité.

1. About how many students take the **baccalauréat** exam per year?
   a. 600,000   b. 300,000   c. 1 million
2. About how many students who take the exam will probably pass?
   a. 1 of 2   b. 1 of 10   c. 2 of 3
3. Over the last several years, the success rate on the **baccalauréat** has . . .
   a. stayed the same   b. risen   c. dropped
4. The exams are given in:
   a. December and June   b. June   c. December
5. The newest type of exam (offered since 1987) is **le bac**:
   a. **technologique**   b. **général**   c. **professionnel**
6. The exam taken by the largest number of students is **le bac**:
   a. **technologique**   b. **général**   c. **professionnel**
7. The largest percentage of students that continue studies at a university are those taking **le bac**:
   a. **technologique**   b. **général**   c. **professionnel**
8. The results of the **bac** are so important that students refer to the day of the exam as:
   a. **bonjour ou au revoir**
   b. **Jour J** (*D-Day*)
   c. **l'examen final**

> Réponses: 1. a 2. c 3. b 4. b 5. a 6. b
> 7. b 8. b

SUJET DE CONVERSATION 1   Describing your university

A. Qu'est-ce que vous aimez? Tell how you feel about these aspects of university life by writing them in the appropriate category. If any of these does not exist at your university, omit it from your list.

> **l'université**   *les examens*   **les professeurs**
> *la bibliothèque*   LES DEVOIRS   le cours dans les amphithéâtres
> **LES BÂTIMENTS**   **LES RÉSIDENCES**   le laboratoire de langues
> *LE RESTAURANT UNIVERSITAIRE*   **le foyer des étudiants**

♥ ♥ ♥ ♥ ♥ ♥ ♥ ♥ ♥ ♥ ♥ ♥ ♥ ♥ ♥ ♥ ♥

J'AIME BEAUCOUP...	J'AIME ASSEZ...	JE N'AIME PAS...
_____	_____	_____
_____	_____	_____
_____	_____	_____
_____	_____	_____
_____	_____	_____
_____	_____	_____

B. Mon université. Complete these questions about your university by filling in the correct form of the definite article: **le, la, l', les**.

1. _____ université est grande?
2. _____ cours sont faciles?
3. _____ professeurs sont sympathiques?
4. _____ campus est agréable?
5. _____ foyer des étudiants est laid?
6. _____ bibliothèque est grande?
7. _____ cours de français est facile?
8. _____ bâtiments sont vieux?
9. _____ bibliothèque est moderne?
10. _____ université est jolie?

C. À votre avis. Answer the questions about your university in the preceding exercise. Use **il est/elle est, ils sont/elles sont** in your answers and be sure to use the correct form of the adjective. Whenever you answer **non**, give additional information as to what is true. The first one is done as an example.

1. _Oui, elle est grande._ OR _Non, elle n'est pas grande. Elle est petite._ _____
2. _____
3. _____
4. _____
5. _____

TOURNEZ
S.V.P.

6. _____

7. _____

8. _____

9. _____

10. _____

D. Comment sont...? Describe at least five aspects of the universities pictured. Be creative in your responses.

_____   _____

_____   _____

_____   _____

_____   _____

E. C'est votre tour! Do you like your university? Write a short paragraph saying why or why not.

EXEMPLE   **J'aime l'université. J'aime le campus parce qu'il est grand et joli...**

_____

_____

_____

_____

_____

SUJET DE CONVERSATION 2   Getting to know others

A. Astérix et Obélix. First impressions can be misleading, but what impressions do these pictures give you of the famous French comic characters **Astérix** and **Obélix**? Writing complete sentences, tell which of the two the following words describe better. Some words may describe both characters.

Astérix

Obélix

EXEMPLE   petit
         Astérix est petit.

1. très extroverti   _____

2. très actif   _____

3. un peu pessimiste   _____

4. très grand   _____

5. un peu bête   _____

B. Tout le contraire! Is it true that opposites attract? David's friend Bruno is attracted to Annette, but they are not at all alike. Read what he says about himself, then complete his description of Annette.

> Je suis petit et sportif. J'aime bien les sports mais je n'aime pas beaucoup les cours à l'université. Pour moi, ils sont un peu ennuyeux. En classe, je suis un peu paresseux. Je travaille assez, mais pas beaucoup.

Annette _____est grande et intellectuelle_____ . Elle n'aime pas les sports mais elle aime beaucoup

les cours à l'université. Pour elle, ils _____. En classe, elle

_____. Elle travaille _____.

C. **Descriptions.** You are talking to your instructor about class. Complete each of the following statements or questions with the correct form of **être**, followed by words chosen from the box. Or use your own choice of words. Be sure to make adjectives agree with the person or thing described.

EXEMPLE   La classe de français ___est intéressante___ .

1. Est-ce que vous _____?

2. En classe, je _____.

3. Les étudiants _____.

4. Nous _____.

5. Est-ce que les examens _____?

6. La salle de classe _____.

> **(un peu) difficile**
> **intéressant**
> **sympathique**
> *(assez) facile*   (UN PEU) TIMIDE
> **(très) intelligent**   **???**
> **???**   VIEUX
> **agréable**   d'ici
> **français**

D. **La vie universitaire.** A new student is describing her first impressions of university life. Fill in each blank with the most logical word(s) from the following list.

> **je comprends**   **aime**   **grand**
> *assez timide*   ENNUYEUX   intéressants   RÉSIDENCE

J'_____ beaucoup l'université. Les cours sont

_____ et les professeurs sont sympathiques. Je suis

_____ et je ne parle pas beaucoup en classe, mais

_____ assez bien en général. Le campus est

_____ et les étudiants sont très actifs. Ce n'est pas

_____ à l'université. J'habite dans (*in*) une

_____ et c'est très amusant.

E. **Et vous?** Using the preceding exercise as an example, write a paragraph describing your life at the university.

_____

_____

_____

_____

_____

_____

SUJET DE CONVERSATION 3   Comparing your classes and classmates

A. Je ne comprends pas. Look at the following ad. Does the man pictured not understand math, computer science, or English? Complete his statements below. (**Essayant de vendre** means *trying to sell.*)

Je comprends bien _____ et _____.

Je comprends mal _____.

Jacques, 24 ans, dont 10 de brillantes études en mathématiques, essayant de vendre en anglais un programme informatique à des Hollandais.

Pour que cela ne vous arrive pas demain, lisez, dès le lycée, Today in English.

B. Génies français. Which of the two courses listed with each name would most likely be more interesting for these famous French people? Answer in complete sentences, as shown in the example.

EXEMPLE   Descartes (les maths, la musique)
Pour Descartes, les maths sont plus intéressantes que la musique.

1. Marie Curie (la littérature, la chimie)

_____

2. Molière (la littérature, la biologie)

_____

3. Gérard Depardieu (les cours de théâtre, les mathématiques)

_____

TOURNEZ
S.V.P.

4. Henri Matisse (la musique, le dessin)

_____

5. Jean-Paul Sartre (la philosophie, la comptabilité)

_____

C. **Associations.** For each quality listed, compare two courses you are taking or have taken. Compare two of your classes.

EXEMPLE intéressant **Pour moi, la biologie est plus intéressante que les mathémathiques.**

1. facile _____

2. difficile _____

3. amusant _____

4. ennuyeux _____

5. compliqué _____

D. **Ce semestre/trimestre.** Write a paragraph describing this semester or trimester by answering the following questions. In your description, include two more observations not asked for in the questions. You may need to continue on a separate sheet of paper.

- Qu'est-ce que vous étudiez?
- Quels cours est-ce que vous aimez? Quels cours est-ce que vous n'aimez pas?
- À quelle heure sont les cours?
- Est-ce que les classes sont grandes ou petites?
- Comment sont les cours?
- Quels cours sont faciles? Et difficiles?
- Comment sont les professeurs?

_____

_____

_____

_____

_____

_____

_____

C'est à lire!

A. Mots apparentés. Skim the advertisement for Educatel on the following page and find fifteen occupations that you recognize. Categorize them below according to whether you think they would be interesting (**intéressant**) or boring (**ennuyeux**).

INTÉRESSANT	ENNUYEUX

B. Devinez! Some cognates are less apparent than others. Use the English words listed below to help you guess the meaning of the occupations that follow.

1. refrigerator: **technicien frigoriste** (under ÉLECTRONIQUE) _____

2. a guard: **garde d'enfants** (under SANTÉ) _____

3. tailor: **tailleur pour hommes** (under CRÉATION) _____

4. publicity: **photographe publicitaire** (under PHOTO) _____

5. aviary: **aviculteur** (under NATURE) _____

6. vendor, vending machine: **vendeur en pharmacie** (under SANTÉ) _____

C. Remplissez le bon! Fill out the request for more information about the occupation in which you are most interested on the advertisement on the following page. There are some words you do not know on the form, but using your past experiences with similar forms in English, guess what to fill in. Note that you will need to fill in a date on one part of the form. When writing dates in French, put the day first, then the month (e.g., May 20, 1975 = **le 20-5-75**).

Ça y est! C'est à vous!

Rédaction: La vie universitaire. This chapter's composition deals with university life. First, group your thoughts by writing as many words as you can think of in the bubbles below. Write the words most important to you near the center of each bubble; write the less important words along the outer edges.

 If you have access to *système-D* software, you will find corresponding grammar, vocabulary, and phrases in the following categories: **adjective agreement; classroom; comparing and contrasting; comparison que; definite articles le, la, l', les; interrogative est-ce que; interrogative phrase n'est-ce pas; languages; negation with ne... pas; nouns after c'est, il est; people; personality; preceding adj. beau, belle; preceding adj. vieux, vieille; pronouns; studies, courses; university.**

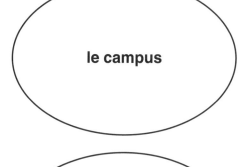

le campus

les cours

j'aime

je n'aime pas

Now write a journal entry describing university life for you. Compose a short paragraph for each of the circles above. Think about what you study, how you like your courses, and why. Write about what your university is like and what you do or do not like about it. You might also include information about yourself explaining your likes and dislikes.

_____

_____

_____

_____

_____

_____

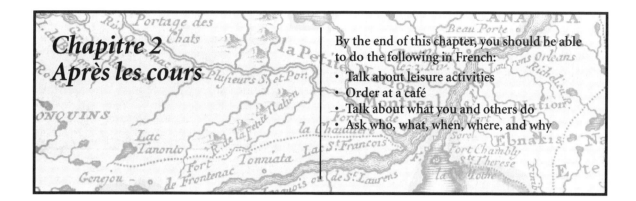

Chapitre 2
Après les cours

By the end of this chapter, you should be able to do the following in French:
- Talk about leisure activities
- Order at a café
- Talk about what you and others do
- Ask who, what, when, where, and why

Pour commencer

A. Qu'est-ce que vous pensez? What do you think about the following activities? Rate them according to your opinion, using the categories given.

sortir avec des amis	**rester à la maison**	**travailler sur ordinateur**
dormir LIRE	faire du jogging ÉTUDIER	regarder la télévision

C'EST AMUSANT	C'EST INTÉRESSANT	C'EST ENNUYEUX
_____	_____	_____
_____	_____	_____
_____	_____	_____
_____	_____	_____

B. Est-ce que vous aimez...? Look at the following pictures and state whether you like or dislike doing the things shown. Start each sentence with: **J'aime...** or **Je n'aime pas...**

1.

_____

2.

_____

3.

_____

4.

_____

5.

_____

6.

_____

C. **Voudriez-vous...?** For each activity listed below, say whether you would like to do it, or, if you prefer doing something else, express your preference.

EXAMPLE rester à la maison? → Oui, je voudrais bien rester à la maison.

OU Non, je préfère aller au cinéma.

1. jouer au basket-ball demain _____

2. faire les devoirs après les cours _____

3. aller danser à la discothèque _____

4. dîner au restaurant demain soir _____

5. parler au téléphone ce soir _____

D. **Une journée typique.** Write a short paragraph describing what you like to do before or after class (**avant les cours, après les cours**) each day you have class. Make sure you write in complete sentences.

EXAMPLE Le lundi j'aime faire les devoirs avant les cours. Après, j'aime...

_____

_____

_____

_____

_____

_____

_____

_____

_____

_____

_____

_____

_____

_____

Comment s'y prendre?

Read this survey about French leisure activities and do the following exercises.

A. Mots apparentés. Make a list of at least ten cognates that you recognize.

1. _____
2. _____
3. _____
4. _____
5. _____
6. _____
7. _____
8. _____
9. _____
10. _____

B. Selon le contexte. Learning to guess a word's meaning from context is an important skill to develop when learning any language. Try to guess the English equivalent of the following boldfaced words after having read the entire chart.

Quinze ans de loisirs

ÉVOLUTION DE QUELQUES PRATIQUES DE LOISIRS EN QUINZE ANS. (EN %):	1973	1981	1989
Proportion de Français ayant pratiqué l'activité suivante:			
• Regarder la télévision tous les jours ou presque	65	69	73
• Écouter la radio tous les jours ou presque	72	72	66
• Écouter des disques ou cassettes au moins une fois par semaine	66	75	73
Au moins une fois au cours des 12 derniers mois:			
Lire un livre	70	74	75
Acheter un livre	51	50	62
Aller au cinéma	52	50	49
Visiter un musée	27	30	30
Visiter un monument historique	32	32	28
Assister à un match sportif	24	20	25
Assister à une exposition (peinture, sculpture)	19	21	23
Aller dans un zoo	30	23	22
Aller à un spectacle de:			
— théâtre	12	10	14
— rock ou jazz	7	10	13
— music-hall	11	10	10
— musique classique	7	7	9
— cirque	11	10	9
— danse	6	5	6
— opéra	3	2	3
— opérette	4	3	3

1. l'activité **suivante** _____

2. assister à une exposition (**peinture**, sculpture) _____

3. écouter des **disques** ou des cassettes _____

4. visiter un **musée** _____

5. **assister** à un match sportif _____

Qu'est-ce qui se passe?

Annette is making plans with two different friends. Finish what they say logically.

1. — Tu voudrais jouer au tennis?

   — Non, je _____ aller manger
   un hamburger.

2. — Tu voudrais aller au cinéma ce soir?

   — Oui, je veux bien. _____ ?

   — À huit heures. D'accord?

   — Oui, _____ .

Remarquez que...

The café is perhaps the most enduring of images associated with France. Even so, as you will find when you read this short passage, this French institution has undergone a great change in the past century. First, skim the article to find three cognates ending in -é where English would have -ed. Then write their English equivalent in the blank on the right.

1. _____ _____

2. _____ _____

3. _____ _____

Now, read the article and put an X next to the best answer(s) to the following questions.

1. Over the last fifteen years, the number of cafés in France has declined by about:

   _____ 10%   _____ 30%   _____ 50%

2. In the article, which of the following are cited as possible causes for the decline in café patrons?

   _____ a population shift to the suburbs, where there are fewer cafés

   _____ a reduction in free time

   _____ a poor economy

   _____ an increase in the amount of time spent watching television

   _____ an increase in the amount of time doing sports

Les derniers cafés où l'on cause

Il ne reste plus en France que 70 000 cafés, contre 107 000 en 1980, 200 000 en 1960 et plus de 500 000 en 1910. On peut distinguer trois causes à ces disparitions: le déplacement d'une partie de la population des centres-villes vers les banlieues où la densité des cafés est moins élevée, la crise économique qui a touché certaines régions et surtout le changement d'attitude à l'égard des loisirs. Le temps passé au café est remplacé par celui consacré à la télévision ou à des activités spécifiques. Enfin, la multiplication des fast-foods a porté un coup décisif aux cafés, le hamburger ayant remplacé le sandwich, en particulier pour les jeunes. Avec le café, c'est un outil privilégié de la convivialité qui disparaît, en même temps qu'un mode de vie.

SUJET DE CONVERSATION 1   *Ordering at a café*

Au Bar Monaco. Look at the menu at the right and do the following exercises.

A. L'article indéfini. Fill in the correct indefinite article in the following sentences, and indicate whether the information given is **vrai** or **faux.**

1. _____ café au lait coûte (*costs*) 20 F. _____

2. _____ eau minérale coûte 8 F. _____

3. _____ thé au citron coûte 18 F. _____

4. _____ Coca coûte 11 F. _____

5. _____ limonade coûte 10 F. _____

6. _____ sandwich au jambon coûte 22 F. _____

7. _____ bière Carlsberg coûte 24 F. _____

8. _____ sandwich au fromage coûte 13 F. _____

B. L'addition, s'il vous plaît! Look at what various people have ordered and write how much the bill (**l'addition**) comes to.

    EXEMPLE   Un verre de rouge et un verre de blanc?
          Ça fait seize francs.

—Bar Monaco—

. . . . . *Nos boissons.* . . . .

—Chaudes—

Café express	10 F
Café au lait	20 F
Café décaféiné	14 F
Thé (avec lait ou citron)	18 F
Chocolat	16 F

—Froides—

Orangina	10 F
Coca Cola	12 F
Schweppes tonic	10 F
Limonade	8 F
Eau minérale	6 F

—Vins—

Verre de rouge	9 F
Verre de blanc	7 F

—Bières—

Kanterbrau demi	9 F
Carlsberg	24 F
Heineken	22 F
Kronenbourg 1664	15 F

. . . . . *Nos sandwichs* . . . . .

Jambon de pays	22 F
Saucisson sec	17 F
Pâté de campagne	14 F
Gruyère, camembert	13 F

---

1. Un café décaféiné et un Orangina? _____

2. Un Schweppes et une Heineken? _____

3. Un sandwich au saucisson et un demi? _____

4. Un café au lait et un verre de blanc? _____

5. Une Kronenbourg 1664 et un Coca? _____

C. **Je voudrais un/une/des... / Non, je n'aime pas le/la/les...** Look at the following pictures and say either that you'd like to have the item shown or that you don't like it. Use **Je voudrais** or **Je n'aime pas** and the appropriate article to express your preferences.

EXEMPLE

Je voudrais un café OR Je n'aime pas le café

1.

_____

2.

3.

_____   _____

4.

5.

_____   _____

D. **Faisons des maths!** Perform the following arithmetic operations as in the models. Be sure to write out the words for all the numbers.

EXEMPLES   50 + 40 = ?   **Cinquante et quarante, ça fait quatre-vingt-dix.**
48 − 27 = ?   **Quarante-huit moins vingt-sept, ça fait vingt et un.**

1. 73 + 19 = ? _____

2. 48 − 19 = ? _____

3. 54 + 37 = ? _____

4. 93 − 47 = ? _____

E. **Allons au café!** Look at the menu on page 27. Order a drink and a sandwich for yourself and for a friend. Calculate how much it will cost each of you and write down the appropriate sum.

1. Pour moi, _____ et _____ .

2. Pour mon ami(e), _____ et _____ .

3. Pour moi, ça fait _____ et pour mon ami(e) ça fait

_____ .

SUJET DE CONVERSATION 2   Talking about what you and others do

A. Qu'est-ce qu'ils aiment faire? Qu'est-ce qu'ils n'aiment pas faire? Look at the following pictures and say whether the people like or dislike (as indicated) what they are doing. Write a complete sentence in the space provided.

1.

Il _____

2.

Elle _____

3.

Ils _____

4.

Ils _____

5.

Ils _____

6.

Il _____

B. Des personnes célèbres. Choose both a verb and an adverb from each box and use them in a complete sentence about each of the following celebrities.

VERBES
manger   *chanter*
travailler
jouer au tennis   DANSER
regarder la télévision   **VOYAGER**
parler

ADVERBES
bien   **mal**
souvent
toujours   BEAUCOUP
quelquefois   RAREMENT
ne... jamais

1. Le président Clinton _____.

2. Connie Chung _____.

3. Al et Peg Bundy _____.

4. Whitney Houston _____.

C. **Un sondage.** Say how often you do the following things, choosing one of the options provided. Write a complete sentence for each question.

rarement	ne... jamais
souvent	
quelquefois	TOUJOURS

1. regarder la télévision

_____

2. jouer au golf

_____

3. écouter des disques ou des cassettes

_____

4. chanter

_____

5. travailler

_____

D. **Auto-portrait.** Write a short composition describing what you (and your friends, if you wish) do regularly, using any of the verbs and adverbs on pages 76 and 81–82 of the textbook.

_____

_____

_____

_____

_____

_____

_____

_____

_____

_____

_____

SUJET DE CONVERSATION 3 Asking who, what, when, where, and why

A. L'emploi du temps de Gisèle. Look at the weekly schedule of David's friend Gisèle below. Then answer the questions that follow in complete sentences.

	LUNDI	MARDI	MERCREDI	JEUDI	VENDREDI
MATIN 8h 10h 12h	en classe	en classe	en classe	en classe	en classe
APRÈS-MIDI 1h 3h 5h	bibliothèque avec David et Bruno	bibliothèque avec David et Bruno	travailler		travailler
SOIR		Star Trek avec papa			

1. Combien de jours par semaine (*per week*) est-ce que Gisèle est en classe?

_____

2. Quels jours est-ce que Gisèle est en classe?

_____

3. Où est-ce qu'elle étudie le lundi après-midi?

_____

4. Avec qui est-ce qu'elle prépare quelquefois des cours?

_____

5. Quand est-ce qu'ils travaillent ensemble?

_____

6. Qu'est-ce qu'elle aime regarder à la télévision?

_____

7. Pourquoi est-ce qu'elle n'étudie pas le mercredi après-midi?

_____

B. **Un père trop curieux.** Read the following dialogue between a nosy father and his son, who plans on going out this evening. Based on the son's responses, complete the father's questions by supplying the appropriate question word and **est-ce que**.

LE PÈRE: _____ tu fais ce soir?

LE FILS: Je dîne en ville avec des amis.

LE PÈRE: _____ vous dînez?

LE FILS: Au restaurant L'Étoile, sur la place municipale. C'est un bon restaurant!

LE PÈRE: Et _____ vous allez payer l'addition?

LE FILS: Avec ma nouvelle carte de crédit. Après, nous allons au cinéma. Il y a un grand classique ce soir.

LE PÈRE: Ah! _____ le film commence?

LE FILS: À sept heures et demie. Après le film nous allons chez d'autres amis.

LE PÈRE: _____ tu ne restes pas à la maison?

LE FILS: Parce que je n'aime pas rester à la maison le week-end! D'accord?

C. **Une vie active.** Read the following description of Bruno's ordinary schedule and fill in each blank with the appropriate form of a verb from the following list.

faire du jogging		déjeuner
préparer	*jouer*	REGARDER
	TRAVAILLER	

Le matin, Bruno aime _____ pour être en bonne forme physique. Après,

il rentre (*returns*) à la maison et il prend le petit déjeuner. Il _____ un peu

sur ordinateur ou il _____ à des jeux vidéo. À midi, il retrouve (*meets*)

ses amis au café et ils _____ ensemble. Après le déjeuner, Bruno

_____ ses cours à la bibliothèque. C'est une vie active.

D. **Une interview.** Choose a famous person to interview and, using the vocabulary you have learned in this chapter, write five questions you would like to ask him/her about his or her interests and weekly activities. Also, guess how this person would answer and write a response. Don't forget to begin by saying hello, addressing him/her by his or her last name. Use a separate sheet of paper.

C'est à lire!

You are going to read an excerpt from a brochure describing the cultural and sporting activities available to students of a summer language program near Nice. First, do this activity to prepare. Then answer the questions about what you have read.

A. Quelles activités préférez-vous? Skim the brochure and for the following categories, list two or three of the activities mentioned that would interest you.

LES BEAUX-ARTS:

_____

_____

_____

LES SPORTS:

_____

_____

_____

LES SOIRÉES CULTURELLES:

_____

_____

_____

Visites

Le mercredi après-midi (départ à 13h30 - retour vers 19h).
- Musée Picasso à Antibes et visite de la vieille ville.
- Musée Fernand Léger et verreries à Biot.
- Villages d'Èze et Beaulieu.
- Saint-Paul-de-Vence et la célèbre Fondation Maeght.

(75 F de participation, transport et visites compris)

À Nice, vous pourrez vous-même visiter le Musée Chagall, le Palais Lascaris (trésors de l'art baroque), le Musée d'Art Moderne et Contemporain, le Musée d'Art Naïf, le Musée des Beaux-Arts (impressionnistes) et plusieurs galeries très dynamiques.

Excursions

Pour «sortir des sentiers battus», le dimanche toute la journée:
- les villages de l'arrière-pays niçois,
- les vignobles du Var,
- petite marche en montagne avec repas dans une auberge,
- et d'autres suggestions qui vous seront faites dès votre arrivée...

Prévoir entre 200 et 250 F par excursion, repas du soir compris dans un restaurant typique de qualité.

Autres activités en soirées

Séances de cinéma, de vidéo, de chansons, de théâtre, barbecue, soirée vin et fromage, soirée jazz, concert de musique classique, soirée plage...

Sports

- *Piscine*: située sur le campus, au milieu de la verdure. Accès gratuit.
- *Gymnase*: sports de salle, gymnastique. Accès gratuit.
- *Tennis*: terrains au-dessus de la Faculté (carte: 150 F). Possibilité de leçons gratuites offertes par l'Université d'Été.
- *Plongée sous-marine*: stages prévus en piscine d'abord et sortie en mer. Prix: 500 F.
- *Canyoning*: l'aventure en... toute sécurité! Journée en montagne avec guide. Transport, repas et assurance tout compris (environ 200 F).

Nombreuses autres possibilités: voile, planche à voile, scooter des mers, parachute ascensionnel, sports de plage, à 5 minutes à pied de la Faculté. **Présence constante d'animateurs à votre disposition au foyer de l'UIE où se trouvent aussi journaux, magazines, courrier, messages personnels, emploi du temps et toutes informations concernant le cours.**

B. Avez-vous compris? Reread the brochure and answer the following questions in English.

VISITES

1. What day do students visit sites in the area? _____

2. How much does it cost to participate in these trips? What is included? _____

EXCURSIONS

1. What is the price range for the excursions? What is included? _____

2. On what day are the excursions? _____

AUTRES ACTIVITÉS EN SOIRÉES

1. Which activity would you probably enjoy most? _____

2. Which one would you enjoy least? _____

SPORTS

1. Which sports cost money? _____

2. Which ones do not cost money? What is the French word for "free of charge"? _____

_____

Ça y est! C'est à vous!

Organisez-vous! You are going to write a paragraph describing your typical school week. First organize your thoughts by filling in the following schedule.

 If you have access to *système-D* software, you will find corresponding grammar, vocabulary, and phrases in the following categories: **adverbs of time; days of the week; describing objects; describing people; drinks; indefinite articles un, une, des; infinitives; interrogative pronouns; leisure; negation with ne... jamais; numbers; sports; telling time; times of day; verb summary.**

	LUNDI	MARDI	MERCREDI	JEUDI	VENDREDI
MATIN 8h 10h 12h					
APRÈS-MIDI 1h 3h 5h					
SOIR					

Rédaction: Mon emploi du temps. Referring to the entries you made in your schedule on page 35, write a short paragraph (five or six complete sentences) describing your day-to-day activities, saying when and where you do these things.

Le lundi matin...

_____

_____

_____

_____

_____

_____

_____

_____

_____

_____

_____

_____

_____

_____

_____

_____

_____

_____

_____

_____

_____

_____

_____

_____

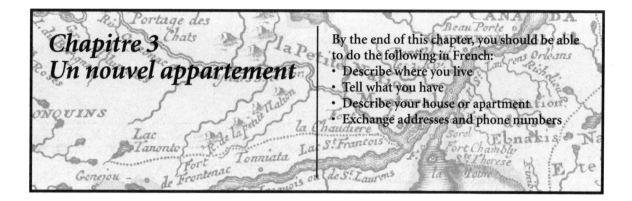

Chapitre 3
Un nouvel appartement

By the end of this chapter, you should be able to do the following in French:
- Describe where you live
- Tell what you have
- Describe your house or apartment
- Exchange addresses and phone numbers

Pour commencer

A. Où habitent-ils? Look at the following pictures and say where the indicated people live. Then add a short description of their homes using one of the adjectives presented on page 98 of the textbook.

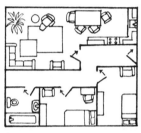

1.

Gisèle _____

_____

_____

2.

Didier _____

_____

_____

3.

Thomas _____

_____

_____

Now say where you live and describe your apartment, house, or room.

Moi, j(e) _____

_____

B. Au grand magasin. Look at the picture of a large department store on the next page, then answer the questions about where certain departments are located in the store. Be sure to use the French way of counting floors in your response.

1. À quel étage se trouve le salon de beauté?

_____

2. À quel étage se trouve l'entrée du magasin?

_____

3. À quel étage se trouvent les articles de sport?

_____

TOURNEZ
S.V.P.

4. À quel étage se trouvent les parfums et les vêtements d'hommes?

_____

5. À quel étage se trouve l'agence de voyages?

_____

C. **Et vous?** Answer the following questions about your living situation. Write a complete sentence for each response using as much vocabulary from the *Pour commencer* section of the textbook as possible (pages 98–100).

1. Est-ce que vous habitez dans un appartement, dans une maison ou dans une chambre à la résidence universitaire?

_____.

2. Avec qui est-ce que vous habitez?

_____.

3. Est-ce que vous habitez en ville, en banlieue ou à la campagne?

_____.

4. Comment est votre appartement / chambre / maison?

_____.

5. Est-ce que vous aimez l'appartement / la chambre / la maison où vous habitez? Pourquoi ou pourquoi pas?

_____.

Comment s'y prendre?

Guessing from context

Though you may not understand everything in this excerpt from a Quebec tourist brochure, you should be able to get some of the general meaning.

Devinez! Skim the excerpt one section at a time and find the French equivalent for each of these words.

SECTION 1: Bienvenue à Québec!

1. cradle (of civilization)

   _____

2. fortified city

   _____

3. a corner (of Europe)

   _____

SECTION 2: Capitale de la province

4. (a vast) choice

   _____

SECTION 3: Pourquoi choisir Québec?

5. resonate (with cannon sounds)

   _____

6. varied (activities and attractions)

   _____

7. to charm

   _____

Le Canada

Bienvenue à Québec!

Québec, berceau de la civilisation française en Amérique du Nord, est la seule ville fortifiée au nord du Mexique. Conçus à l'origine pour interdire l'accès à la ville, ses murs invitent aujourd'hui à venir goûter la subtile harmonie des styles architecturaux.

C'est un coin d'Europe transplanté en Amérique: le confort du Nouveau Monde s'allie au charme du Vieux Monde pour faire de Québec un centre touristique exceptionnel.

Capitale de la province

Québec, c'est aussi la joie de vivre présente au détour de chaque rue. L'arrondissement historique propose un vaste choix de restaurants réputés, de terrasses, de bars, de discothèques et de boutiques, sans rien perdre pour autant de son cachet particulier.

Pourquoi choisir Québec?

Parce qu'un séjour à Québec, c'est un voyage dans le temps. Les pierres des fortifications et des vénérables résidences d'autrefois résonnent encore du vacarme des canons et de la sonnerie du tocsin.

Parce que Québec est un lieu privilégié qui jouit de l'intérêt mondial: c'est la première ville nord-américaine à être inscrite à la prestigieuse liste du patrimoine mondial de l'UNESCO.

Parce que Québec regorge d'activités et de centres d'attraction variés. Depuis les chutes Montmorency, à Beauport, jusqu'à la maison des Jésuites, à Sillery, en passant par le jardin zoologique, la région offre des divertissements pour tous les goûts.

Plus qu'une ville à visiter, Québec est une ville à vivre! On ne peut que se laisser charmer par l'atmosphère unique qui y règne.

Avez-vous compris? Read through the text for the main ideas. The excerpt suggests several reasons why one might choose to vacation in Quebec. List at least three in English. Do they convince you?

_____

_____

_____

Qu'est-ce qui se passe?

Reread the following excerpt from the text, paying close attention to the verbs used. Then identify the ten regular -er verbs in the passage. Even if you haven't seen a certain -er verb before, you should be able to identify it. The first has been provided as an example.

Robert consulte les instructions dans la lettre de Thomas et vérifie l'adresse. Il lit: «Mon appartement se trouve 38, rue Dauphine. C'est un grand immeuble avec une porte bleue. Je suis au deuxième étage.»

«Oui, c'est bien là», pense-t-il. Il entre dans l'immeuble et monte l'escalier. Arrivé à la porte de l'appartement, il sonne. Quelques instants après, une jolie jeune femme vient lui ouvrir.

—Euh... Bonjour mademoiselle, je suis Robert. C'est bien ici que Claude et Thomas habitent?, demande Robert.

—Claude, c'est moi. Mais...

Robert, bien surpris, l'interrompt...

—Claude, c'est vous? Euh... Mais vous êtes une femme!

1. _____consulter_____

2. _____   5. _____   8. _____

3. _____   6. _____   9. _____

4. _____   7. _____   10. _____

Remarquez que...

Read the following statistics about the province of Quebec and answer these questions.

Le Québec: Données essentielles

Superficie

1 500 000 km². Ce qui représente 3 fois la France, 7,3 fois la Grande-Bretagne et 54 fois la Belgique. Son territoire, recouvert par la forêt sur près de la moitié de sa surface, est parsemé de milliers de lacs et de rivières.

Principales villes

Près de 80% de la population québécoise vit dans les villes. La grande région métropolitaine de Montréal regroupe à elle seule plus de trois millions d'habitants, soit près de la moitié de la population.

Montréal	1 015 420
Laval	284 164
Québec	164 580
Longueuil	125 441

Population du Québec selon l'origine ethnique

Français	5 105 665
Britanniques	319 550
Italiens	163 880
Juifs	81 190
Antillais (surtout Haïtiens)	36 785

Langue maternelle

Français	5 316 930	(81,3%)
Anglais	580 030	(8,8%)
Autre langue	393 725	(6,0%)

1. The area of Quebec is:
   (a) half that of France
   (b) three times that of France
   (c) three times that of Great Britain

2. There are thousands of these in Quebec:
   (a) forests
   (b) lakes and rivers
   (c) kangaroos

3. 20% of the population lives in rural areas.
   (a) True
   (b) False

4. Quebec City houses half of the population.
   (a) True
   (b) False

5. The most prevalent first language is:
   (a) French
   (b) English
   (c) Another language

Réponses: 1. b 2. b 3. T 4. F 5. a

SUJET DE CONVERSATION 1   Telling what you have

A. Qu'est-ce qu'ils ont? Look at the picture of Robert's room and that of his brother Paul. Write down three items that Robert has that Paul doesn't have. Then write down three things that Paul has that Robert doesn't have.

la chambre de Robert

la chambre de Paul

EXEMPLE   Robert a des disques compacts, mais Paul n'a pas de disques compacts.

Robert _____

Robert _____

Robert _____

Paul _____

Paul _____

Paul _____

B. Qu'est-ce que vous avez? Look at the following pictures and say whether you have these items.

EXEMPLE   J'ai un ordinateur.
                 OU Je n'ai pas d'ordinateur.

1. _____   2. _____

TOURNEZ
S.V.P.

3. _____ 5. 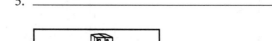_____

4. _____ 6. _____

C. *Avoir* ou *être?* Complete the following passage with the appropriate form of **avoir** or **être**, according to the context.

Paul _____ un garçon typique de son âge. Dans sa chambre il _____ des affiches et une raquette de tennis. Il _____ assez sportif. Apparemment, Paul et son frère Robert _____ sérieux parce qu'ils _____ beaucoup de livres. Leur chat et leur chien _____ assez sympathiques, mais ils _____ parfois embêtants. Est-ce que vous _____ un animal domestique à la maison?

D. **Des descriptions.** Complete the descriptions of the following people you know, using a descriptive adjective and **être**. Then name one thing they own, using **avoir**.

EXEMPLE Mon/Ma camarade de chambre
Mon/Ma camarade de chambre est sportif / sportive. Il / Elle a un vélo.

1. Mon meilleur ami

_____

2. Ma meilleure amie

_____

> sportif(-ve)　　matérialiste
> idéaliste
> optimiste　　SÉRIEUX(-SE)
> ???　　MARIÉ(E)
> grand(e)　　timide

3. Mon professeur de français

_____

4. Mes camarades de classe

_____

E. **Dans ma chambre.** On a separate sheet of paper, write a short description of what you have in your room at home. Mention at least five things you own, using any words introduced on page 105 of the textbook.

SUJET DE CONVERSATION 2   Describing your house or apartment

A. Qu'est-ce qu'il y a...? Look at the following rooms, then, in the space provided, list at least two items that are found in each one. Use **il y a**.

1. Dans la cuisine

_____

2. Dans le salon

_____

3. Dans la chambre

_____

B. Une chambre bien agencée. You are moving in. Using the vocabulary from page 111 of the textbook and **je mets** (*I put*), say where you are putting five different things.

EXEMPLE   Je mets les livres sur
                l'étagère.

1. _____ .

2. _____ .

3. _____ .

4. _____ .

5. _____ .

C. **Des objets retrouvés.** The following items have been found near your classroom. Suggest who the owners might be, indicating possession with **de.**

EXEMPLE   Le livre?   →   C'est le livre du professeur.

le professeur?	*l'université?*
les étudiants?	**l'ami de Robert?**

1. la chaise?

_____.

2. les livres?

_____.

3. l'ordinateur?

_____.

4. les disques compacts?

_____.

5. la cassette vidéo?

_____.

D. **Les adjectifs possessifs.** Complete Thomas's statements to a friend with the appropriate form of the possessive adjective (**mon, ton, son**). Pay close attention to the gender and number of each noun.

1. Robert aime beaucoup _____ nouvel appartement parce qu'il a assez de place pour mettre

   toutes _____ affaires dans _____ chambre.

2. Et toi? Où est-ce que tu mets _____ livres et _____ valise? Aimes-tu _____ maison?

   As-tu _____ voiture avec toi aujourd'hui?

3. Les animaux de _____ camarade de chambre sont embêtants. _____ chien aime

   dormir sur _____ lit! Et _____ chats dorment sous _____ lit! Quelle vie!

E. **Notre maison.** Write at least five sentences to describe your family's home. Use as much of the vocabulary on page 111 of the textbook as possible, as well as the possessive adjective **notre** (page 117).

EXEMPLE   **Notre maison a six pièces et elle est confortable.**

_____.

_____.

_____.

_____.

_____.

SUJET DE CONVERSATION 3   Exchanging addresses and phone numbers

A. Des renseignements personnels. When traveling abroad, you may be asked to fill out forms containing personal information to rent a hotel room or a car. Fill out the following registration form, supplying the requested information.

Notes culturelles:

- The French and most Europeans usually fill out such forms beginning with the family name, *in capital letters*, followed by the first name.
- The word **domicile** also forms the base of the expression **domicilié(e) à**, often used on official forms, especially on legal documents. The term **domicile légal** corresponds to our notion of *permanent address*.
- France and most European countries issue both **cartes d'identité** and **passeports** to their citizens. Technically, one can be asked for one's **carte d'identité** at any time by government officials, though in most cases it serves as identification, as a driver's license would here. A **passeport** is generally used for travel outside of EC (European Community) countries.

> **Hôtel Vieux Québec**
>
> Fiche d'inscription pour voyageurs étrangers.
>
> Nom de famille _____
>
> Prénom(s) _____
>
> Domicile légal:
>
> _____ (rue)
>
> _____ (ville)
>
> _____ (pays)
>
> Numéro de passeport: _____
> ou de carte d'identité: _____
> Nationalité: _____

B. Vous composez... Look at the following listings for services in Montreal, then write out the phone number you would dial for the service indicated. Write out the numbers as words.

> Maison du tourisme
> 2, place Ville-Marie
> Montréal (Québec)
> H3B 2C9
> (514) 873-2015

> Renseignements Trains:
> Gare centrale
> 935, rue Lagauchetière
> Ouest
> Via Rail (CN)

> Urgences—Santé
> Centre de référence du Grand
> Montréal du lundi au vendredi
> de 8h30 à 16h45:
> 931-2292
> en tout temps:
> 842-4242

> Télégrammes
> Télécommunications CNCP
> 740, rue Notre-Dame Ouest
> Service de 24 heures pour
> envoi de télégrammes et
> câblogrammes.
> (514) 861-7311

> Renseignements Avions:
> Aéroport international de
> Montréal (Dorval)
> Transports Canada
> 636-5921

1. Pour des renseignements (*information*) touristiques, vous composez (*dial*) le...

_____.

2. Pour envoyer un télégramme, vous composez le...

_____.

3. Pour une urgence médicale en tout temps, vous composez le...

_____.

TOURNEZ
S.V.P.

4. Pour avoir des renseignements sur les avions, vous composez le...

_____ .

5. Pour avoir des renseignements sur les trains, vous composez le...

_____ .

C. **La distance et la durée.** Read the following chart of the distance (**la distance**) and travel time (**la durée du voyage**) between certain American cities and Montreal and Quebec. Determine which city corresponds to the distance or travel time indicated in the responses below. Then ask the appropriate question using the adjective **quel(le)**.

Ville	MONTRÉAL		QUÉBEC	
	Km	Durée	Km	Durée
BOSTON	512	(5h)	618	(6h)
BUFFALO	607	(6h)	866	(8h30)
CHICAGO	1 333	(13h15)	1 592	(16h)
DETROIT	904	(9h)	1 164	(11h30)
HALIFAX	1 295	(13h)	1 056	(10h30)
NEW YORK	608	(6h)	834	(8h15)
PHILADELPHIE	723	(7h15)	954	(12h30)
PITTSBURGH	933	(9h15)	1 250	(8h)

EXEMPLE 512 km → Quelle est la distance entre Boston et Montréal?
(5h) → Quelle est la durée du voyage entre Boston et Montréal?

1. 1 164 km

_____

2. (13h15)

_____

3. 1 592 km

_____

4. 608 km

_____

5. (7h15)

_____

C'est à lire!

You are going to read the accompanying highlights of Quebec's history, from the discovery of Canada to the electoral victory of the **Parti québécois**. The following exercise will guide you.

A. Mots apparentés. Skim the excerpt and determine what the following cognates mean in English.

1. débarquer _____

2. le territoire _____

3. la découverte _____

4. fonder _____

5. une chapelle _____

6. la bataille _____

7. la conquête _____

8. instituer _____

9. une crise _____

10. la souveraineté _____

Histoire du Québec: Les grandes dates historiques

1534   Jacques Cartier débarque dans la baie de Gaspé et prend possession du territoire au nom de François 1er, roi de France. C'est l'acte de la découverte du Canada par les français.

1608   Le 3 juillet, Samuel de Champlain accoste sur la rive nord du Saint-Laurent en un endroit que les Indiens désignent sous le nom de Kébec (Québec).

1642   Paul de Chomedey de Maisonneuve fonde Ville-Marie, petite colonie regroupant un fort, un hôpital, une chapelle et un logement pour 70 personnes. C'est la naissance de Montréal.

1759–60   Au cours de la guerre franco-anglaise, les armées anglaises du général Wolfe assiègent Québec et défont les troupes de Montcalm, le 13 septembre lors de la bataille des Plaines d'Abraham. Montréal tombe (1760) à son tour aux mains des troupes britanniques. La conquête est achevée.

1763   Par le traité de Paris, le roi de France cède à «Sa Majesté britannique, en toute propriété, le Canada avec toutes ses dépendances». La proclamation royale de 1763 institue les organes étatiques propres au Québec.

1837–1840   Crise constitutionnelle, sociale et économique. La rébellion des patriotes bas-canadiens est réprimée avec force par l'armée britannique. L'Acte d'Union réunit les provinces du Haut- et du Bas-Canada sous un seul gouvernement du Canada.

1917   Les femmes votent pour la première fois aux élections fédérales; elles obtiendront le même droit au Québec en 1940.

1976   Le Parti québécois, qui recherche la souveraineté du Québec, remporte les élections du 15 novembre.

B. Avez-vous compris? Read the text and explain in English why these are important dates for a **Québécois**. Write at least one complete sentence for each date.

1. 1534? _____.

2. 1760? _____.

3. 1840? _____.

4. 1917? _____.

5. 1976? _____.

Ça y est! C'est à vous!

Rédaction: Une lettre. You are going to write a letter to an exchange student from Quebec who plans to stay with you. Before you begin, organize your thoughts by noting in French on a sheet of paper what you can say to exchange the following information:

- To introduce and tell a little about yourself
- To say where you live, what it is like, and what you have
- To ask if he or she has certain things and to ask about anything in particular you want to know (e.g.: Does he or she smoke / like animals...?)
- To say how you (and your friends) typically spend your time

... supports

SYSTÈME-D

Writing Assistant for French

If you have access to *système-D* software, you will find corresponding grammar, vocabulary, and phrases in the following categories: possessive adjectives; interrogative adjective **quel**; contractions; negation; numbers for building floors; house; bedroom; bathroom; kitchen; living room; family members; describing objects; describing people; writing a letter (informal).

Now write a letter to the student. Ask him/her about himself or herself from your notes from above, tell him/her about you, your life, and where you live so that he or she will know what to expect. Also, ask anything you want to know. Use another sheet of paper if you need more space.

Cher / Chère _____ ,

_____

_____

_____

_____

_____

_____

_____

_____

_____

_____

_____

_____

_____

Amicalement,

Chapitre 4
Chez les parents

By the end of this chapter, you should be able
to do the following in French:
- Introduce your family
- Describe people
- Describe your possessions
- Say where you go in your free time

Pour commencer

A. Qui est-ce? Thomas is describing his family. Complete his descriptions with the words for the appropriate family members.

Ce sont mes _____ , mon père et ma mère. Ils

sont entre mon _____ Yannick et moi. Mon

autre _____ Philippe est derrière mon

_____ , et c'est son ex- _____

Sylvie derrière ma _____ . Ils sont divorcés maintenant.

Voici mes grands-parents, mon _____ et ma

_____ . C'est mon _____

et ma _____ derrière mes grands-parents. Ils sont

avec leur _____ et leur _____ ,

mes deux cousins.

B. La parenté. A friend is showing you pictures of the following family members. Write a question asking your friend to clarify his relationship to each one.

EXAMPLE   Voilà mon neveu.   →   **C'est le fils de ton frère ou de ta sœur?**

1. Voilà ma grand-mère. _____

2. Voilà ma nièce. _____

3. Voilà ma tante Marie. _____

4. Voilà mon oncle Antoine. _____

5. Voilà mon grand-père. _____

Chapitre 4   ✤   49

C. **Des présentations.** Write a sentence of introduction for one of your family members to the person(s) indicated. Use the expressions **Je te présente... / Je vous présente...** Also give a piece of information about the family member you are presenting.

    EXEMPLE   à votre professeur
                   Je vous présente ma cousine, Suzanne Forestier. Elle habite à Montréal.

1. à un(e) ami(e) _____

_____

2. à vos camarades _____

_____

3. à votre petit(e) ami(e) _____

_____

4. au père d'un(e) ami(e) _____

_____

D. **Camarades de chambre.** A friend from your French class has come to your place to study. Write a logical conversation, presenting him/her to your roommate, spouse, mother, father, or another friend that is visiting. After you introduce them, they should continue the conversation by saying hello and asking one or two questions. Use the conversation on page 132 of the textbook as an example.

_____

_____

_____

_____

_____

_____

_____

E. **Ma famille.** On another sheet of paper, write a short description of your family, telling something personal about each member. Begin by telling how many members are in your family, using **Nous sommes _____ dans ma famille: ma mère, mon père...**

Comment s'y prendre?

Using past experiences to make logical guesses

You will be able to understand some texts in French, because you have seen similar texts in English, and can make logical guesses about what is said. You are going to read the table of contents from the Quebec telephone book. Since Quebec uses the same telephone system as all of North America, you should be able to guess what most of it means, even if it has some unfamiliar words.

L'annuaire (*The telephone book*). Before reading the table of contents, write one topic in English that you would expect to find under the following headings in a telephone book.

CUSTOMER SERVICES

_____

GENERAL INFORMATION

_____

LOCAL CALLS — FINDING A NUMBER

_____

LONG DISTANCE CALLS

_____

TERMS OF SERVICE

_____

Indicatif régional 514

Services aux clients   Page

Centre de services adaptés Bell 7
Plaintes 9
Règlement de votre compte 5
Réparations et Repérage des câbles 5
Service à la clientèle 4–5
Service de relais Bell (SRB) 8
Services adaptés 8
Téléboutique Bell 6
Autres services 7

Renseignements généraux*   Page

Appels importuns ou offensants 11
Équipement et réparations/frais 11
Facturation 12
Frais de chèque sans provision, frais de rétablissement
    du service et supplément de retard 12
Identité des employés de Bell Canada 11
Intérêts sur les dépôts 12
Normes de qualité du service 10
Tarifs 10
Usage frauduleux du téléphone 11

* Les renseignements de cette section ne sont donnés qu'à titre d'information. À des fins officielles, il y a lieu de consulter le texte intégral des Tarifs applicables.

Communications locales
Comment trouver un numéro   Page

Assistance-annuaire 14
Comment consulter cet annuaire 13
Inscriptions des gouvernements .... Pages bleues
Secteur d'appel local 15

Communications interurbaines   Page

Assistance-annuaire 14
Comment joindre votre correspondant 17–18
Comment joindre votre correspondant outre-mer 24
Indicatifs outre-mer 27–28
Indicatifs régionaux et carte des fuseaux horaires 21–22
Services d'appels sans frais – Contac, 800, Zénith 18
Services interurbains à forfait 19
Tarifs des communications outre-mer 25–26
Tarifs interurbains et périodes de tarifs réduits 19–20
    Communications à destination des Antilles,
        Bahamas et Bermudes 23

Communications spéciales   Page

Appels locaux à partir d'un téléphone public 16
Conférence téléphonique 16
Interruption d'une communication 16
Services mobile et maritime 16
Vérification d'une ligne occupée 16

MODALITÉS DE SERVICE
TERMS OF SERVICE

Modalités de service   Page

Ensemble des modalités régissant
    le service de Bell Canada 29–34

Avez-vous compris? Write the page number you would turn to for information on the following topics.

1. maritime and mobile calls _____

2. fraudulent use of telephone services _____

3. directory assistance _____

4. conference calls _____

Qu'est-ce qui se passe?

Robert runs into Claude from downstairs again and he is trying to find out a little more about her. Complete their conversation logically.

— Bonjour, mademoiselle! Excusez-moi pour l'autre jour! Permettez-moi de me présenter.

Je _____ Robert Martin. Et vous êtes

Claude...

— Oui, Claude Lange. Enchantée, Robert!

— Euh... vous avez des enfants?

— Oui, j'habite ici avec mon _____ André

et ma _____ Annick.

— Alors, vous êtes _____ ?

— Non, non, je suis divorcée. Mon

ex-_____ est remarié et il habite à Trois-Rivières avec sa nouvelle

_____ .

Remarquez que...

L'immigration au Québec. When reading a document dealing with statistics, you can often understand a lot by just glancing over it. See if you can find the following details by skimming this article about immigration in Quebec. Answer these questions in English.

1. Since when has Quebec had the right to independently select which immigrants can settle there?

    _____

    _____

2. How has immigration in Quebec changed over the last 40–50 years?

    _____

    _____

3. Circle the names of the French-speaking countries in the column **Pays de naissance.** (You may wish to use the map inside the front cover of the textbook.) What role do you think language plays in immigration?

    _____

    _____

L'IMMIGRATION

Le Québec sélectionne lui-même, depuis 1979, les candidats à l'immigration désirant s'établir en permanence sur son territoire. Les nouveaux immigrants ont accès à divers services d'aide à l'établissement: acceuil, orientation scolaire, et professionnelle, services sociaux, enseignement des langues.

Le portrait des immigrants a beaucoup changé au cours des dernières décennies: alors qu'en 1956 plus de 90% des immigrants étaient d'origine européenne, en 1989 50% venaient d'Asie. Le Québec accueille également de nombreux réfugiés depuis une dizaine d'années. En 1989, 5 009 immigrants étaient des réfugiés.

Immigrants admis au Québec selon le pays d'origine

Pays de naissance	%
Liban	11,5
Haïti	6,4
France	4,9
Viêt-nam	4,4
Hong Kong	3,9
Portugal	3,5
Pologne	3,2
Syrie	3,1
Maroc	3,0
Chine populaire	2,6

SUJET DE CONVERSATION 1 — Describing friends and family members

A. Quelle est sa profession? Name a famous person or one of your own acquaintances who is of the profession depicted. Write complete sentences.

EXEMPLE **Ma cousine est infirmière.**

1. _____
2. _____
3. _____
4. _____

 1.  2.  3.  4.

B. Quelle profession? Tell the profession of the following people, based on the descriptions.

EXEMPLE Matlock représente les accusés au tribunal. → **Il est avocat.**

1. Laverne travaille avec un médecin.

_____

2. M. Homais travaille dans une pharmacie.

_____

3. Rebecca Milfeld joue dans un orchestre.

_____

4. Céline Dion chante à la télévision.

_____

5. Kevin Costner et Clint Eastwood jouent dans un nouveau film.

_____

C. Des photos. Robert is showing Thomas some photos of his family. Complete their dialogue with **c'est (ce sont)** or **il/elle est (ils/elles sont)**, according to the context.

THOMAS: Qui est cet homme dans la photo?

ROBERT: _____ mon père. Il habite à New York et

_____ danseur dans une troupe de ballet.

THOMAS: Et cette femme, _____ ta mère?

ROBERT: Oui, elle habite à Atlanta avec mes deux frères. Elle travaille dans une pharmacie.

THOMAS: Alors, _____ pharmacienne?

ROBERT: C'est ça. Et dans cette photo, _____ ma grand-mère dans son jardin.

THOMAS: Qui sont ces deux garçons qui travaillent sur la voiture?

ROBERT: _____ mes frères, Jonathan et Paul.

THOMAS: Eh bien, _____ une belle famille que tu as!

ROBERT: Oui, ils sont très sympa.

D. Ma famille. Describe two different members of your family. Give their age and profession and tell what they look like. Also, use one adjective to describe their personality or character. You may find these words and expressions useful.

grand	sérieux	petit	*les yeux ???*	LES CHEVEUX ???
des lunettes		AMBITIEUX	sociable	paresseux
impulsif	sympathique	actif	timide	
???	extroverti	PROFESSEUR		sportif
secrétaire	???	musicien	ne pas travailler	

1. _____

_____

_____

2. _____

_____

_____

SUJET DE CONVERSATION 2   Describing possessions

A. **Qu'est-ce que c'est?** Look at the following pictures and identify the objects, using **c'est / ce sont** and an appropriate adjective. Be careful with the placement of the adjective.

petit	**grand** VIEUX	laid ???	???	*agréable* nouveau	JOLI *MODERNE*	???

1.    2.   3.    4.

1. _____

2. _____

3. _____

4. _____

B. **Mes possessions.** Tell what kind of the following items you have. If you do not have something mentioned, tell what kind you would like to have using **Je voudrais avoir...**

EXEMPLE   un chien   →   **J'ai un petit chien sympathique.**
               ou   **Je voudrais avoir un grand chien noir.**

1. une maison _____

2. une chambre _____

3. une voiture _____

4. une chaîne stéréo _____

5. un jardin _____

6. une cuisine _____

7. un fauteuil _____

C. Monsieur le millionnaire. Complete the following paragraph about Monsieur le millionnaire's possessions, filling in each blank with an appropriate adjective. Pay attention to the form of the adjective and where it is placed.

> **gros**(se) **???** **allemand(e)** **???** AMÉRICAIN(E)
> cher(-ère) JOLI(E) méchant(e) bon(ne) BLASÉ(E)
> **petit(e)** agréable désagréable
> électronique GRAND(E) ultra-moderne

Monsieur le millionnaire est très riche évidemment! Il a trois _____ voitures

_____ et une _____ maison _____ .

Quand il va au centre commercial, il achète beaucoup de _____ choses pour sa

famille. Ses enfants sont très _____ . Par conséquent, ils n'ont pas beaucoup de

_____ amis à l'école. Quand M. le millionnaire va en voyage, il achète toujours

beaucoup de jeux _____ pour ses deux fils. C'est vraiment une famille

_____ .

D. Des personnes célèbres. Write a sentence or two describing the physical attributes, age, and nationality of the following celebrities. Make sure that your adjectives agree with their nouns.

1. la princesse Diane _____

_____

2. Kevin Costner _____

_____

3. Rosanne et Tom Arnold _____

_____

E. J'ai gagné à la loterie! You have just won a large sum of money in the lottery. What are you going to buy for yourself, your family, and your friends? Using **acheter**, say what purchases you are going to make for different people, describing each item with at least one adjective. Use a separate sheet of paper.

EXEMPLE   **Pour ma mère, je vais acheter une nouvelle voiture de sport rouge...**

SUJET DE CONVERSATION 3   Saying where people go in their free time

A. La préposition *à*. Complete the following passage with the appropriate form of **à** and the definite article **le**, **la**, or **les**. Use the contracted forms when necessary.

Yannick est toujours très occupé. Pendant la semaine, il va tous les jours _____ école (*school*).

À midi, il va _____ café manger avec ses amis. Après, ils vont ensemble _____

bibliothèque où ils lisent et préparent leurs leçons. Ensuite, ils vont tous _____ maison de

Yannick pour jouer au basket-ball. Quand le vendredi soir arrive, Thomas et Yannick aiment aller

_____ cinéma ou _____ parc. Le samedi, Yannick va _____ centre

commercial avec sa petite amie pour faire du shopping. Le dimanche matin, toute la famille va

_____ église et le dimanche à midi, ils vont _____ restaurant, parce que sa mère

n'aime pas faire la cuisine ce jour-là.

B. Où vont-ils? Complete the following sentences, telling how often the indicated people go on the weekend to the places shown.

1.    2.    3.    4. [image]

1. Moi, je _____

2. Mes amis et moi, nous _____

3. Les étudiants _____

4. Mon / Ma meilleur(e) ami(e) _____

C. Où va-t-on? Where do you go to do the indicated things? Write a complete sentence, using the verb **aller**, and the appropriate place.

EXEMPLE   pour acheter des livres → **Pour acheter des livres, je vais à la librairie Bookstop.**

1. pour prendre un verre avec des amis _____

2. pour nager _____

3. pour faire du shopping _____

4. pour écouter de la musique _____

D. De mauvaise humeur. You are in a bad mood today and when your friend suggests doing something, you say that you do not like the thing suggested. Respond by using the appropriate form of the demonstrative adjective, **ce (cet) / cette / ces.**

EXEMPLE   Regardons la vidéo! → **Non, je n'aime pas cette vidéo!**

1. Allons voir le film au cinéma Rex! _____

2. Allons voir l'exposition d'art au musée! _____

3. Allons prendre un verre au café Bontemps! _____

4. Allons passer le week-end dans le nouvel hôtel à Deauville! _____

5. Sortons ce soir avec les étudiants qui habitent en face. _____

E. Mes projets d'avenir. Write a complete sentence telling something you are going to do at each of the following times.

1. Ce soir? _____

2. Ce week-end? _____

3. La semaine prochaine? _____

4. Le mois prochain? _____

5. L'année prochaine? _____

F. Ce week-end. Two friends are talking about what they are going to do this weekend. Using the indications below, write a conversation on another sheet of paper in which they discuss their weekend plans.

samedi après-midi

samedi soir

dimanche matin

dimanche soir

C'est à lire!

First coined by a 19th-century French geographer to describe the worldwide use of the French language, the word **francophonie** (*French-speaking world*) is a relatively recent addition to the language, and the notion of "francophone world space" is even newer. The following excerpts from *Profil du Québec* will give you some more insight into the efforts to unify the numerous French-speaking countries of the world into the diverse entity that is **la francophonie**.

A. La francophonie. You probably will not understand many words in the article on **la francophonie**. You should, however, be able to find the following information just by skimming it. Answer the following questions in English.

1. How many people live in Quebec? How many of these are French-speaking?

   _____

   _____

2. How many French speakers comprise **le monde de la francophonie**?

   _____

3. When and where were the first **Jeux de la francophonie** created?

   _____

   _____

Le Québec dans la francophonie

Avec ses 5,4 millions de citoyens de langue française sur une population de 6,5 millions, le Québec est une véritable enclave francophone en Amérique du Nord.

Le Québec appartient donc à la communauté de 250 millions de francophones disséminés à travers plusieurs pays. Que ces États soient entièrement francophones ou non, que le français soit la langue maternelle, la langue d'enseignement, la langue officielle ou la langue seconde, ils partagent—bien à des degrés divers—un sentiment d'appartenance à un même univers linguistique et culturel.

QUELQUES ANNÉES IMPORTANTES POUR LA FRANCOPHONIE

1952 L'Union internationale de journalistes et de la presse de langue française (UIJPLF) fut créée en France pour veiller à la sauvegarde de la langue.

1964 Création de l'Institut de droit d'expression française.

1965 Première Biennale de la langue française, Namur (Belgique). Conférence des ministres de la Fonction publique et des ministres de la Santé des pays d'expression française.

1967 Création du Conseil international de la langue française (CILF) lors de la deuxième Biennale de la langue française, Québec.

1986 Première conférence des chefs d'État et de Gouvernement des pays ayant en commun l'usage du français (Sommet de Paris). L'idée de cette conférence avait été émise une dizaine d'années plus tôt par le président Senghor du Sénégal.

1987 Deuxième conférence des chefs d'État et de Gouvernement des pays ayant en commun l'usage du français (Sommet de Québec). Ce sommet a permis la création des Jeux de la francophonie.

1989 Troisième conférence (Sommet de Dakar). Premiers Jeux de la francophonie à Rabat, au Maroc.

B. Avez-vous compris? List, in English, three things that you learned about the French-speaking world that you did not know before.

_____

_____

_____

Ça y est! C'est à vous!

You are going to continue the letter to the **Québécois** student begun at the end of the last chapter. In this part of the letter, you are going to describe your family. To help you get organized, first do the following exercise.

If you have access to *système-D* software, you will find corresponding grammar, vocabulary, and phrases in the following categories: adjective agreement; adjective position; adverbs of time; **avoir** expressions; colors; contractions **à** & **de** + definite article; demonstrative adjectives; describing; family members; future with **aller**; hair colors; introducing; people; professions; writing a letter (informal).

A. Organisez-vous! Fill in the family tree below with one or two words for the indicated categories describing different family members. Leave any boxes empty that are not pertinent to you and add boxes for anyone else you wish, such as aunts, uncles, or additional brothers and sisters. You may wish to consult page 137 in the textbook for words related to physical appearance, page 45 for words related to personality, and pages 64–65 for pastimes.

GRAND-PÈRE	GRAND-MÈRE	GRAND-PÈRE	GRAND-MÈRE
Nom:	Nom:	Nom:	Nom:
Âge:	Âge:	Âge:	Âge:
Profession:	Profession:	Profession:	Profession:
Apparence physique:	Apparence physique:	Apparence physique:	Apparence physique:
Personnalité:	Personnalité:	Personnalité:	Personnalité:
Passe-temps:	Passe-temps:	Passe-temps:	Passe-temps:

PÈRE	MÈRE
Nom:	Nom:
Âge:	Âge:
Profession:	Profession:
Apparence physique:	Apparence physique:
Personnalité:	Personnalité:
Passe-temps:	Passe-temps:

FRÈRE / SŒUR	FRÈRE / SŒUR	FRÈRE / SŒUR	MOI
Nom:	Nom:	Nom:	Nom:
Âge:	Âge:	Âge:	Âge:
Profession:	Profession:	Profession:	Profession:
Apparence physique:	Apparence physique:	Apparence physique:	Apparence physique:
Personnalité:	Personnalité:	Personnalité:	Personnalité:
Passe-temps:	Passe-temps:	Passe-temps:	Passe-temps:

B. Ma famille. Using the information you wrote in your family tree, as well as other information such as where different family members live, write a description of your family on a separate sheet of paper.

Chapitre 5
Des projets

By the end of this chapter, you should be able to do the following in French:
- Describe the weather
- Suggest activities
- Tell when you did something
- Tell where you went

Pour commencer

A. **Quel temps fait-il?** Look at the following pictures and describe the weather in the corresponding blanks that follow. Choosing from the locations and seasons provided, also specify where this description would be the most logical.

en Alaska en hiver? au Texas en été?
au printemps en France? EN SUISSE EN AUTOMNE?

1.    2.    3.    4.

1. _____

2. _____

3. _____

4. _____

B. **Quoi faire?** The weather can change your plans. Complete the following sentences saying what you intend to do according to the indicated weather condition. Use the expression **avoir l'intention de**.

rester à la maison	aller au cinéma	étudier	???
faire du bateau	???	FAIRE DU SKI (NAUTIQUE)	
partir pour le week-end	passer la journée à la plage		*???*

1. S'il fait mauvais demain _____

2. S'il fait du soleil demain _____

3. S'il pleut ce week-end _____

4. S'il fait beau ce week-end _____

5. S'il neige beaucoup cet hiver _____

C. **Et chez vous?** Describe the weather where you live at the indicated times.

1. en été _____

2. en hiver _____

3. au printemps _____

4. en automne _____

5. aujourd'hui _____

D. **Quand?** Complete the following sentences with a weather expression.

1. Je préfère passer la journée au lit quand _____

2. J'ai beaucoup d'énergie quand _____

3. J'aime le temps quand _____

E. **Un samedi typique.** Describe your typical Saturday by answering the following questions with complete sentences.

1. À quelle heure est-ce que vous quittez la maison le samedi?

_____

2. Où est-ce que vous passez la journée?

_____

3. Est-ce que vous passez beaucoup de temps au centre commercial?

_____

4. Quelle autre ville est-ce que vous visitez quelquefois le week-end?

_____

5. Le samedi, avec qui est-ce que vous aimez passer la soirée?

_____

6. Qu'est-ce que vous aimez faire ensemble?

_____

7. À quelle heure est-ce que vous rentrez en général?

_____

Comment s'y prendre?

Recognizing the prefix dé(s)-

You have already seen that the prefix **re-** means *to do something again*. The prefix **dé(s)-** means *mis-, dis-, de-,* or *un-*, as in: **Il fait sa valise.** (*He packs his suitcase.*) **Il défait sa valise.** (*He unpacks his suitcase.*) Read the following excerpt about some new entries to the French language and do the accompanying activities.

Des mots apparentés. Are the meanings of the following words immediately understandable? Write what you think the English equivalent might be. Note that not all French people would understand all of the words listed in this excerpt from *Francoscopie*, a yearly report on French society.

1. dépénaliser _____

2. désinformation _____

3. déqualifier _____

4. démotiver _____

5. déréglementer _____

6. déconstruire _____

7. décriminaliser _____

8. désindustrialiser _____

La date d'entrée des mots dans le dictionnaire permet de situer dans le temps les changements qui se produisent dans les mentalités. Ainsi, ce n'est pas par hasard que beaucoup de mots commençant par le préfixe **dé(s)-** ont été introduits dans le *Petit Larousse* au cours des années 80:

1981	déscolariser, débudgétisation, désétatiser
1982	dépénaliser, désinformation
1983	débureaucratiser, déconventionner
1984	décompresser, déprogrammer, déqualifier
1985	démotiver, désinflation, désynchroniser
1986	déréglementer, désendettement, désyndicalisation
1987	déconstruire, démotivation, déresponsabiliser, désindexer
1988	décrédibiliser, dérégulation, désectorisation
1989	décriminaliser, défiscaliser, démédicaliser, désindustrialiser, désinformer
1990	délocalisation, désincarcérer

Il apparaît clairement que cette décennie aura été marquée par la volonté de **dé**faire des institutions, des idées et des structures héritées du passé et inadaptées au présent.

Des mots adoptés de l'anglais? Many of the words in this excerpt may have been borrowed directly from English words coined during the same time period. Read through the text and list the French words you think are borrowings from English.

_____

_____

_____

_____

_____

_____

_____

_____

_____

_____

Qu'est-ce qui se passe?

Sans ou pour? On pages 172–173 of the textbook, you read about the mysterious actions of Alice as she completed an assignment for her French class. Here is how she does her assignments on a more normal morning. Supply the missing prepositions **sans** or **pour** according to the context.

Généralement, elle quitte la maison vers sept heures _____ aller à l'arrêt d'autobus.

Quelquefois, quand il fait beau, elle va à l'université à pied (*on foot*), _____ faire un peu

d'exercice. Arrivée à la faculté, elle monte au troisième étage du bâtiment de langues _____

préparer ses devoirs dans le laboratoire de langues. D'abord (*First*), elle écoute les cassettes

_____ regarder dans le livre _____ voir si elle peut (*can*) comprendre. Après,

elle ouvre son livre _____ voir si elle a bien compris. Elle ne quitte jamais le laboratoire de

langues _____ avoir écouté les cassettes deux ou trois fois (*times*). À dix heures, elle

descend au rez-de-chaussée _____ aller à son cours de conversation. Elle n'y va jamais

_____ être bien préparée.

Remarquez que...

If you are visiting Paris, the RATP (Paris Regional Transportation Authority) offers many itineraries by bus, ranging from day trips to longer tours. Read the description of one such trip; then choose the answer to the following questions and write its letter in the blank.

1. Which of the following activities is not mentioned as

   a possibility at Deauville? _____

   a. to see the historical sites of Deauville

   b. to spend a day at the seaside

   c. to gamble

2. What might the expression **flâner dans les rues**

   mean? _____

   a. to go jogging in the streets

   b. to shop in the street markets

   c. to wander around the streets

> **DEAUVILLE EN LIBERTÉ**
> **UNE JOURNÉE À LA MER**
>
> 5h30 de temps libre dans la station aux célèbres «planches» mondialement connues et fréquentées par de nombreuses personnalités du «gotha». Vous pourrez flâner dans les rues aux commerces élégants, ou le long de la plage de sable fin, ornée de parasols multicolores, ou pourquoi pas, tenter votre chance au casino.
>
> **Sans accompagnateur—Sans visite**
>
> **DATES:** Dimanche 28 juillet, 25 août
> Départ à 8h   Retour vers 21h30
> **PRIX:** Déjeuner libre à Deauville: 170F

3. Does this trip include a guide and visit of the major sites of Deauville? _____

   a. yes

   b. no

4. Is lunch included in the price of the trip? _____

   a. Yes, at a local café on the beach.

   b. No, you are free to make your own arrangements.

SUJET DE CONVERSATION 1   Suggesting activities

A. Qu'est-ce qu'ils font? Use an expression with **faire** to describe what the people are doing in the following pictures.

1.    2. 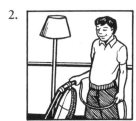   3.    4.

    1. Vincent et Alice _____

    2. Éric _____

    3. Vincent _____

    4. Alice _____

B. Besoin ou envie? Write complete sentences telling five things you feel like doing or need to do. Use the expressions **avoir envie de** and **avoir besoin de**.

    1. _____

    2. _____

    3. _____

    4. _____

    5. _____

> **faire la lessive**
> **faire un voyage**
> *faire les devoirs*
> faire de l'exercice
> **FAIRE UNE PROMENADE**
> **faire du ski**
> faire du shopping
> **faire le ménage**
> *faire du camping*
> faire du sport
> **faire du jogging**

C. Pourquoi? Use an expression with **avoir** to explain the following people's actions.

    EXEMPLE   Marie mange un sandwich. → **Elle mange parce qu'elle a faim.**

    1. Philippe et Nancy boivent (*are drinking*) un Coca. _____

    2. Maryse va au lit. _____

    3. Nous tremblons de terreur. _____

    4. J'ouvre toujours la fenêtre. _____

    5. Mon camarade de chambre ferme la fenêtre. _____

D. **Des suggestions.** If your friend expressed the following wishes or needs, what would you suggest
doing? Make appropriate suggestions according to the context.

EXEMPLE   Il / Elle a envie de dîner.   →   **Allons au restaurant!**

1. Il / Elle a besoin d'acheter quelque chose. _____

2. Il / Elle a envie de faire de l'exercice. _____

3. Il / Elle a besoin d'étudier. _____

4. Il / Elle a envie de faire du ski nautique. _____

E. **Des projets.** It's Friday night and you are making plans with a friend. Write a response to your friend's
questions by making suggestions with the **nous** form of the verb.

1. Alors, qu'est-ce qu'on fait ce soir?

   _____

2. À quelle heure est-ce qu'on va faire ça?

   _____

3. On mange quelque chose avant?

   _____

4. Vers quelle heure est-ce que tu as envie de rentrer?

   _____

5. Et qu'est-ce que tu as envie de faire demain?

   _____

6. Quand est-ce qu'on fait les devoirs de français?

   _____

F. **Qu'est-ce qu'on fait?** On a separate sheet of paper, write a conversation in which you make weekend
plans with a friend from your class. You will be writing both roles, using **on** and the **nous** form of the
verb to make suggestions. Before beginning, reread the conversation at the top of page 176 in the
textbook as an example and review the vocabulary from pages 168–169, 175, and 177. Include the
following in your conversation:

   • Ask each other what you feel like doing and discuss when.
   • Discuss what the weather is going to be like and make alternate plans for good or bad weather.
   • Say good-bye and repeat the time and the place to make sure you agreed.

SUJET DE CONVERSATION 2   Telling what you did and when

A. Qu'est-ce qu'ils ont fait? Look at the following pictures and say what the indicated people did last week and what the weather was like each day. Use the **passé composé**.

Hier après-midi, Vincent _____

_____

_____

Le week-end dernier, Éric _____

_____

_____

Hier matin, Alice _____

_____

_____

B. Aujourd'hui et hier. Alice made a list of things for Vincent and Éric to do for her before she returns today and they have already done them. Look at Alice's list and write what Vincent and Éric did, using the **passé composé** of the indicated verbs and the adverb **déjà** (*already*).

À faire aujourd'hui...

(Éric) faire les courses
(les enfants) faire le ménage
(Vincent et Éric) acheter un magnétoscope
(Vincent) téléphoner à l'agence de voyages
(Vincent) trouver un hôtel pour ce week-end

EXEMPLE   **Éric a déjà fait les courses.**

_____

_____

_____

_____

_____

_____

_____

_____

C. **La dernière fois.** Tell when you last did the activities pictured.

hier	la semaine dernière	il y a trois jours	l'année dernière
	il y a longtemps	ne... jamais	???

1. _____ 2. _____ 3. _____ 4. _____

1. _____ 3. _____

2. _____ 4. _____

D. **Vous l'avez fait?** Tell whether you did the following things at the indicated times.

1. dîner au restaurant (hier soir) _____

2. dormir tard (ce matin) _____

3. prendre l'autobus (la semaine dernière) _____

4. voir un bon film (le mois dernier) _____

5. acheter un livre (récemment) _____

E. **Hier.** Tell what you did or did not do yesterday by answering the following questions.

1. À quelle heure est-ce que vous avez quitté la maison?

_____

2. Est-ce que vous avez pris l'autobus?

_____

3. Combien d'heures est-ce que vous avez passé en classe?

_____

F. **Le week-end dernier.** On a separate sheet of paper, tell what the weather was like last weekend and write five sentences describing what you did. Do not use the verbs **aller**, **rester**, or **arriver** in your descriptions. (You will find out why in the next *Sujet de conversation*.)

SUJET DE CONVERSATION 3   Saying where you went

A. La journée d'Éric. Complete the following passage about what Éric did yesterday by supplying the correct form of the appropriate auxiliary verb **avoir** or **être**.

Éric _____ commencé sa journée à 7h30. D'abord, il _____ fait du jogging dans le quartier et après il _____ rentré à la maison où il _____ pris son petit déjeuner. Ensuite, il _____ allé en ville. L'après-midi, il _____ joué au football avec des amis pendant une heure. Tout le monde _____ parti à 5h30 pour rentrer à la maison. Hier soir une amie _____ invité Éric à dîner chez elle. Alors Vincent, Alice et les autres enfants _____ dîné en ville et ils _____ allés au cinéma. Éric et le reste de la famille _____ rentrés très fatigués à 11h du soir.

B. Où sont-ils allés? Using the indicated verbs, explain what Alice and Vincent Pérez did today. Make sure you choose the correct auxiliary **avoir** or **être**.

EXEMPLE quitter, faire une promenade, rentrer

1. pleuvoir, rester à la maison travailler sur ordinateur

2. aller chez des amis, parler, boire, partir

3. rentrer, monter dans leur appartement, dire bonne nuit aux enfants

Ce matin, Alice a quitté la maison à 7h30. Elle a fait une promenade et elle est rentrée.

1. Cet après-midi, _____

_____

2. Ce soir, _____

_____

3. Vers minuit, _____

_____

C. **Et vous?** Answer the following questions in complete sentences.

   1. Est-ce que vous êtes sorti(e) avec vos amis récemment?

      _____

   2. À quelle heure est-ce que vous avez quitté la maison ce matin?

      _____

   3. À quelle heure est-ce que vous êtes rentré(e) hier soir?

      _____

   4. Où est-ce que vous êtes allé(e) le week-end dernier? Est-ce que vous êtes resté(e) à la maison?

      _____

   5. Est-ce que vous avez fait de l'exercice récemment?

      _____

D. **Pourquoi?** Expliquez pourquoi on va aux endroits suivants.

   EXEMPLE   au centre commercial → **On y va pour faire du shopping.**

   1. au supermarché _____

   2. à un club _____

   3. à la piscine _____

   4. à la librairie _____

E. **Vous y allez quand?** Tell when you go to the places in the following questions, using the pronoun y. Answer using the same verb tense as in the question (**présent** or **passé composé**).

   1. Est-ce que vous allez souvent au supermarché? _____

   2. Vous passez beaucoup de temps à la bibliothèque? _____

   3. Est-ce que vous avez envie d'aller en France? _____

   4. Est-ce que vous êtes allé(e) en classe hier? _____

   5. Vous êtes allé(e) au cinéma hier soir? _____

F. **Mon dernier voyage.** On a separate sheet of paper, write a short paragraph (five or six complete sentences) describing the last weekend trip you took. Say where you went, one or two things you did, and when you returned.

❦

C'est à lire!

First introduced to the general public in 1983, the Minitel (a small computer connected to one's residential phone line) had, by the end of 1991, arrived in 21% of all French homes. Though telephone subscribers may obtain a Minitel without charge for the machine itself, the charges for the various services offered can range from the economical (free for the first three minutes consulting the telephone directory listing) to the outrageously expensive (the pervasive 3615 numbers, the French equivalent of our 900 numbers). The following articles from the magazine *Réponse à tout!* provide some more information about how the French use the Minitel and how much it costs. First, do the following exercise to help you understand better.

Devinez. Do a preliminary reading of the excerpts about the Minitel to find the following words. Using the context to understand, circle the most logical meaning in parentheses.

posséder (*to deposit, to possess, to use*)   **échapper** (*to escape, to increase, to extend*)

un appel (*a call, an installation, a screen*)   **la tarification** (*being charged, being terrified*)

gratuit (*expensive, gradual, free*)   **abréger** (*to organize, to type, to shorten*)

COMBIEN Y A-T-IL DE MINITELS EN FRANCE?

Il y en a 6,5 millions. À Paris, un quart des **abonnés** du téléphone possèdent un Minitel. **Quant aux** serveurs, on en **dénombre** plus de 17 000. On estime à **environ un milliard** le nombre d'appels par an.

Quel est le service le plus utilisé sur Minitel?

C'est **l'annuaire**, accessible par le 11. Les Français ont bien raison d'exploiter ce service: il est en effet gratuit pendant les trois premières minutes alors qu'il est **lourdement facturé** sur le téléphone (3,65F). Pour échapper à la tarification, vous **pouvez éteindre** votre Minitel lorsque vous **frôlez le seuil** des trois minutes, puis le rallumer. Abrégez vos demandes **afin de** gagner du temps: n'indiquez que le numéro du département, ne corrigez pas vos **fautes d'orthographe**; pour Lyon, Paris et Marseille, indiquez **l'arrondissement** après avoir inscrit le nom de la ville: vous limiterez ainsi le nombre de réponses.

---

un(e) **abonné(e)** *subscriber*   **quant à** *as for*   **dénombrer** *to count*   **environ un milliard** *about a billion*   **l'annuaire** (*m*) *telephone directory*   **lourdement facturé(e)** *heavily charged*   **pouvoir** *to be able*   **éteindre** *to turn off*   **frôler le seuil** *to reach the point*   **afin de** *in order to*   **une faute d'orthographe** *spelling mistake*   **un arrondissement** *district*

Avez-vous compris? Answer the following questions in English about what you have read.

1. How many Minitels are there in France?

    _____

2. What is the most widely used service on Minitel? Why?

    _____

3. Two of the following ways of shortening your usage time on the Minitel electronic telephone directory are mentioned in the articles. Put an X next to the one that is not.

    _____ Do not use the Minitel during peak hours.

    _____ Do not correct your spelling errors.

    _____ For large cities, type the name of the district after the name of the city.

Ça y est! C'est à vous!

You are visiting Paris and are writing to a friend from your French class, describing what you have done and how the weather has been. Write your letter in the **passé composé** on another sheet of paper. First do the following activity to get started.

...supports

SYSTÈME-D

Writing Assistant for French

If you have access to *système-D* software, you will find corresponding grammar, vocabulary, and phrases in the following categories: Adverbs of time; **avoir** expressions; describing weather; **faire** expressions; indefinite personal pronoun **on**; locative pronoun **y**; negation with **ne... rien**; participle agreement; verbs with auxiliary **être**; means of transportation; sequencing events; the **passé composé**; sports; traveling; writing a letter (informal).

Organisez-vous! Before you write your letter, first organize your thoughts by answering the following questions.

1. Look at the photos of sites around Paris on pages 183, 197, 210, and 220 of the textbook and make a list of places you might visit there. Feel free also to list any others that you know of not pictured. Next to each place, write the name of one activity that you might do there.

   _____   _____

   _____   _____

   _____   _____

   _____   _____

2. Look at the list of expressions with **faire** on page 177 and note any that one might do while on vacation in Paris.

   _____

   _____

3. Look at the list of verbs that take **être** in the **passé composé** on page 190 and note those that you will need to use to describe your coming and going in and around Paris.

   _____

   _____

Now, beginning your letter as indicated below, write it on a separate sheet of paper. You can close it with one of the following: **Je t'embrasse,...** (*Love, . . .*); **Amicalement,...** (*Your friend, . . .*).

Cher / Chère...

   _____

   _____

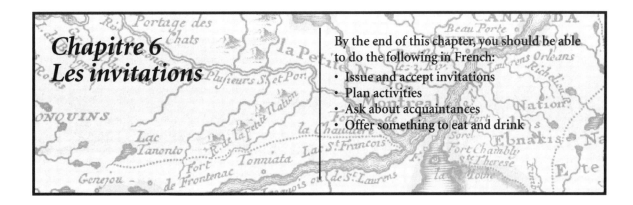

Chapitre 6
Les invitations

By the end of this chapter, you should be able to do the following in French:
• Issue and accept invitations
• Plan activities
• Ask about acquaintances
• Offer something to eat and drink

Pour commencer

A. Quel genre de film? Identifiez le genre des films suivants. Commencez chaque phrase avec **C'est...**

1. 　　2. 　　3. 　　4.

1. _____

2. _____

3. _____

4. _____

B. On passe... Dites où on passe les films suivants et indiquez le genre de chacun.

EXEMPLE　*Les Aventuriers de l'arche perdue* — Studio des Ursulines
On passe ce film d'aventures au Studio des Ursulines.

1. *Robin des bois* — Forum des Halles

_____

2. *Thelma et Louise* — Gaumont Parnasse

_____

3. *48 heures de plus* — 14 Juillet Odéon

_____

4. *2001: L'Odyssée de l'espace* — Pathé Clichy

_____

C. Allez voir... Lisez les préférences en films exprimées (*expressed*) par les personnes indiquées entre parenthèses. Ensuite, suggérez un film approprié selon leurs goûts, choisi dans la liste.

> **Ghost**   **Jungle Fever**   **Les Intouchables**   *Sexe, mensonges et vidéo*
> VAN DAMME: COUPS POUR COUPS   La Double Vie de Véronique
> **Quand Harry rencontre Sally**   **Les Douze Travaux d'Astérix**   **Cyrano de Bergerac**

EXEMPLES   J'aime les comédies romantiques.   (votre professeur) → **Allez voir *Ghost*.**
                                                  (votre ami) → **Va voir *Ghost*.**

1. Nous adorons les dessins animés. (vos parents)

   _____

2. Je préfère les drames psychologiques. (votre sœur)

   _____

3. Nous aimons les films policiers américains. (vos camarades de classe)

   _____

4. J'adore les films avec beaucoup d'action. (votre petit frère)

   _____

5. Nous préférons les grands classiques français. (vos grands-parents)

   _____

D. Quels genres aimez-vous? Exprimez (*Express*) votre opinion sur chaque genre de film en utilisant l'un des verbes et l'un des adjectifs dans les listes.

> **aimer**   **préférer**   **détester**
> *avoir envie de voir*

> **violents**   **bêtes**   **amusants**
> *ennuyeux*   **???**   **intéressants**

EXEMPLE   les films policiers → **Je déteste les films policiers. Ces films sont souvent violents.**

1. les films d'aventures _____

2. les films de science-fiction _____

3. les films d'amour _____

4. les films d'épouvante _____

5. les drames psychologiques _____

6. les dessins animés _____

Comment s'y prendre?

Noting the important information

When going to see a foreign movie in France, you will need to know whether the film you want to see is in its original language — **version originale (v.o.)**—or dubbed into French — **version française (v.f.)**. In most listings, such as these from *Pariscope*, you will find this information near the showtimes of each foreign film. French productions will not have this notation.

UGC DANTON 99, bd St.Germain
Green Card v.f. Séances: 13h35, 15h45, 17h55, 20h05
Misery v.o. Int. - 12 ans Séances: 13h35, 15h55, 18h05, 20h15
Pretty Woman v.o. Séances: 13h30, 15h45, 18h, 20h15
Merci la vie Dolby stéréo Séances: 14h, 16h35, 19h10, 21h45
La Fracture du myocarde Séances: 13h20, 15h10, 17h10, 18h50

MISTRAL 70, avenue du Général Leclerc
L'Éveil v.f. Séances: 13h10, 15h25, 17h40, 19h55
Les Nuits avec mon ennemi v.f. Séances: 14h05, 16h05, 18h05, 20h10
Cyrano de Bergerac Dolby SR Séances: 13h55, 16h30, 19h15, 21h50
Van Damme : Coups pour coups v.f. Séances: 14h15, 16h15, 18h15, 20h15
Alice v.o. Séances: 13h40, 15h45, 17h50, 20h

Notons les détails. Read the listings for two **cinémas** in Paris and name the movies indicated below.

1. List the films that are French productions, saying where each is showing and the first showtime after 6 P.M. (**18h**).

_____

_____

2. List the American films that you could see in English, telling where they are showing and the latest showtime for each.

_____

_____

3. List the American films you could see dubbed in French, telling whether there are any showtimes after 8 P.M. (**20h**).

_____

_____

Qu'est-ce qui se passe?

Deux amis vont aller voir un des films décrits à la page précédente dans la section **Comment s'y prendre?** Décidez de quel film ils parlent et complétez leur conversation.

— On va au cinéma cet après-midi?

— Oui, je veux bien. Qu'est-ce que tu as _____ de voir?

— Je voudrais voir le nouveau film avec Jean-Claude Van Damme.

— Comment s'appelle ce film?

— _____. C'est un film avec beaucoup d'action.

— C'est en version originale avec sous-titres ou c'est en version _____?

— C'est _____.

— Oui, d'accord! À quelle heure est la prochaine séance?

— Voyons, il est 15h maintenant, alors c'est à _____.

Remarquez que...

As you saw in the film listings on the previous page, **l'heure officielle**, or the 24-hour clock, is used in most published schedules, so you need to be able to convert quickly to conversational time. Review how to convert to conversation time on page 205 of the textbook and tell what you are doing at the following times on a typical day, as in the example.

EXEMPLE   20h   →   **Normalement à huit heures du soir, je suis à la maison en train de manger.**

1. 16h05 _____

2. 21h45 _____

3. 13h55 _____

4. 22h30 _____

5. 18h15 _____

SUJET DE CONVERSATION 1   Issuing and accepting invitations

A. On vous invite à... Imaginez que votre petit(e) ami(e) vous invite à faire les choses suivantes. Répondez par une expression appropriée choisie à la page 209 du livre pour accepter ou refuser.

EXEMPLE   Tu veux étudier cet après-midi?

Oui, je veux bien.

OU   **Non, je regrette mais je ne peux pas. Je dois travailler aujourd'hui.**

1. Tu as envie de prendre un verre au café?

_____

2. Est-ce que tu voudrais faire la cuisine ce soir?

_____

3. On va voir le nouveau film avec Al Pacino?

_____

4. Tu veux aller à l'église avec ma famille ce week-end?

_____

5. Tu es libre pour aller au musée jeudi matin?

_____

B. Invitons des gens! Invitez les personnes indiquées à faire les choses illustrées. Utilisez le vocabulaire à la page 209 du livre.

1.    2.    3.    4.

1. à votre petit(e) ami(e): _____

2. à votre mère: _____

3. à des camarades de classe: _____

4. à des amis: _____

C. **Je veux bien mais...** Expliquez que les personnes indiquées ne peuvent pas faire les choses qu'ils veulent parce qu'ils doivent faire autre chose. Complétez les phrases suivantes en utilisant votre imagination.

aller au cinéma ??? **faire une boum** *faire une promenade* REGARDER LA TÉLÉVISION louer une cassette vidéo aller au café **aller au centre commercial** ???	**faire la lessive** **faire le ménage** **étudier** *faire des devoirs* FAIRE DE L'EXERCICE **faire la cuisine** **aller en ville** préparer un examen

EXEMPLE   Mon frère...   →   **Mon frère veut aller au cinéma mais il doit étudier.**

1. Je... _____

2. Mes camarades de classe... _____

3. (*au professeur*) Vous... _____

4. (*à votre meilleur[e] ami[e]*) Toi, tu... _____

D. **Pourquoi pas?** Alice explique que les personnes suivantes ne peuvent pas faire la première chose illustrée parce qu'elles doivent faire la seconde chose. Complétez ses phrases en utilisant les verbes **vouloir**, **pouvoir** et **devoir**.

EXEMPLE   **Vincent et moi voulons aller à la plage mais nous ne pouvons pas parce que je dois aller acheter des vêtements pour notre fils.**

1. Éric _____

_____

2. Vincent et moi _____

_____

E. **Quel film?** En vous servant de la conversation à la page 203 du livre comme exemple, préparez une conversation sur une autre feuille de papier où vous invitez un(e) camarade de classe à aller voir un film avec vous. Écrivez les deux rôles et parlez des choses suivantes dans la conversation.

- quels genres de films vous aimez ou vous n'aimez pas
- où on passe de bons films maintenant
- quel film vous décidez d'aller voir
- à quelle heure il y a des séances et la séance que vous préférez
- à quelle heure vous allez passer chez votre ami(e)

SUJET DE CONVERSATION 2   Planning activities

A. Les grandes fêtes. Voici quelques-unes des grandes fêtes de l'année. Identifiez la fête, donnez la date et dites ce que vous faites pour la célébrer. L'illustration pour le numéro un sert pour l'exemple aussi.

1.    2. 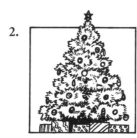   3.    4.

EXEMPLE   **Pour mon anniversaire, le 14 août, je passe une soirée tranquille avec des amis.**

1. _____

2. _____

3. _____

4. _____

B. Des écrivains français. Voici les dates de la naissance et de la mort de quelques écrivains français. Écrivez les dates en utilisant les verbes **naître** et **mourir**.

EXEMPLE   Boris Vian (romancier et poète): 10/3/20–23/6/59
Boris Vian est né le dix mars mille neuf cent vingt et il est mort le vingt-trois juin mille neuf cent cinquante-neuf.

1. Guillaume Apollinaire (poète): 26/8/1880–9/11/1918

_____

_____

2. Gustave Flaubert (romancier): 12/12/1821–8/5/1880

_____

_____

3. Marguerite Yourcenar (romancière): 1903–1987

_____

_____

C. **Savoir ou connaître?** Complétez le passage suivant avec la forme appropriée de **savoir** ou **connaître**.

La famille Étourdie a beaucoup de problèmes avec les choses ordinaires de la vie. Le matin, M. Étourdie

ne _____ jamais où il a laissé (*left*) ses lunettes, mais heureusement, Mme

Étourdie _____ très bien son mari et elle les trouve pour lui. Leurs enfants

Georges et Cécile _____ bien qu'ils doivent se préparer pour aller à l'école

(*school*), mais comme ils _____ leur mère, ils _____

qu'ils peuvent jouer aux jeux vidéo jusqu'au moment de partir. Pauvre Mme Étourdie! Comment est-ce

qu'elle _____ faire tout ce qu'elle fait pour la famille? C'est simple, elle

_____ bien son mari et ses enfants et elle _____ bien

organiser leur routine de tous les jours. Et elle _____ aussi que c'est elle la

plus intelligente!

D. **Les pronoms *le, la, les*.** Répondez aux questions suivantes en remplaçant le complément d'objet direct par le pronom approprié.

1. Est-ce que vous connaissez bien vos camarades de classe?

   _____

2. Comment est-ce que vous trouvez votre campus?

   _____

3. Est-ce que vous connaissez bien le cinéma français?

   _____

4. Est-ce que vous savez la date de l'anniversaire de votre père?

   _____

5. Est-ce que vous allez faire vos devoirs ce soir ou demain matin?

   _____

E. **Que savez-vous faire?** Vous savez déjà parler un peu français, n'est-ce pas? Quelles sont quatre autres choses que vous savez faire **bien** ou **mal**? Écrivez quatre phrases complètes.

   _____

   _____

   _____

   _____

SUJET DE CONVERSATION 3   Offering something to eat and drink

A. Les fêtes et les mets. Quels mets (*foods*) et quelles boissons associez-vous avec les fêtes indiquées?

1. une fête d'anniversaire _____

2. Noël _____

3. le jour de l'an _____

B. Que manger et boire? Qu'est-ce que vous aimez manger ou boire dans les conditions suivantes? Répondez par une phrase complète.

1. quand vous avez très soif

_____

2. quand vous avez envie de quelque chose de sucré

_____

3. quand vous avez envie d'un fruit

_____

4. quand vous n'avez pas très faim

_____

5. quand vous avez très sommeil mais vous ne devez pas dormir

_____

6. quand vous voulez célébrer la fin du semestre / trimestre

_____

C. Le partitif. Complétez le paragraphe suivant par **du, de la, de l', des, de** ou **d'**.

Éric a beaucoup _____ courses à faire avant la fête! D'abord, il doit acheter

_____ boissons: _____ Coca, _____ jus de fruits,

_____ eau minérale et _____ bière. Ensuite, il va aller à la charcuterie pour

prendre _____ pâté, _____ saucisson et _____ jambon pour les

canapés. Enfin, il va passer à la boulangerie pour acheter _____ pain, _____

tartelettes et _____ croissants. Pauvre Éric! Combien _____ argent est-ce que

tout cela va coûter?

D. Qu'est-ce qu'ils servent? Nommez un aliment ou une boisson dans l'illustration que les personnes indiquées servent probablement à l'occasion donnée. Nommez une autre chose qu'ils ne servent probablement pas.

EXAMPLE   vos amis et vous, pour un pique-nique à la plage →
        Nous servons du fromage. Nous ne servons pas de glace.

1. des amis, pour leur anniversaire de mariage → Ils _____

    _____

2. Vincent, pour une soirée de football télévisé avec des amis → Il _____

    _____

3. vos camarades de classe, après un examen difficile → Ils _____

    _____

4. vous, pour l'anniversaire de votre nièce ou neveu → Je _____

    _____

E. Une boum. Sur une autre feuille de papier, décrivez une boum chez un(e) ami(e). Dans votre description, parlez des choses suivantes:
- quand vous êtes allé(e) à la boum
- qui a fait la boum
- ce qu'on a fait (danser, jouer, parler, écouter de la musique, etc.)
- ce que votre ami(e) a servi
- comment vous avez trouvé la boum

NOM _____   COURS _____

C'est à lire!

Though the French have long had a love affair with the cinema, as well as a productive and highly respected film industry, the number of people in France who go to see films on a regular basis has declined since the end of World War II, especially recently with the growing popularity of cable television and home video. Nonetheless, the French continue to view record numbers of films compared to their European counterparts. The excerpt below from *Francoscopie* will give you a better idea of what kinds of films now interest the French. The first exercise will help you understand the excerpt.

Avant de lire. Familiarizing yourself with the structure and main ideas of a text can make it easier to read. Read the subheadings and first sentence of both sections of the excerpt below and finish these statements based on what you read.

1. In the first section, the author compares audience attendance in France for French films and

_____ films.

2. According to the second heading, the French prefer films that make them laugh (**rire**) and

_____.

Les films français ne représentent plus qu'un tiers des entrées, les films américains, plus de la moitié
La baisse de fréquentation des salles concerne surtout les films français. Depuis 1986, ceux-ci attirent moins de spectateurs que les films américains. En 1991, les films américains ont représenté 60% des entrées, contre 30% en 1982. À l'inverse, les films français ont perdu 60% de leurs spectateurs entre 1982 et 1990.

Le rire et l'aventure sont les deux genres préférés des Français
Beaucoup de films français figurant aux premières places du hit-parade cinématographique sont faits tout spécialement pour le public des jeunes, amateur d'aventures, de fantastique et d'effets spéciaux. Mais les jeunes aiment aussi rire. C'est ce qui explique le succès des grands films comiques, qui occupent toujours les premières places du palmarès de ces dernières années.

Avez-vous compris? Read the text and decide if each statement below is **vrai** or **faux** according to the text. Below each, write a sentence or two taken from the text that supports your opinion.

1. Les Français fréquentent (*attend*) plus souvent les films américains que les films français. _____

_____

2. Les Français préfèrent les genres de films plutôt sérieux, comme les drames. _____

_____

3. Les films qui sont populaires chez les jeunes ont souvent du succès commercial. _____

_____

Ça y est! C'est à vous!

Vous allez écrire une rédaction qui décrit une boum imaginaire que vous avez donnée pour célébrer l'anniversaire d'un(e) ami(e). D'abord, faites l'exercice suivant pour vous préparer.

If you have access to *système-D* software, you will find corresponding grammar, vocabulary, and phrases in the following categories: accepting and declining; calendar; delicatessen; direct object **le**, **la**, **l'**, **les**; drinks; fruits; games; greetings; holiday greetings; inviting; leisure; meat; months; offering; partitive **du**, **de la**, **des**; telling time; vegetables; welcoming.

A. **Organisez-vous.** Imaginez les préparatifs que vous avez faits avant la boum. Écrivez une invitation à des amis. (Vous pouvez utiliser l'invitation à la page 206 du livre comme exemple.) Ensuite, composez le menu que vous allez servir et écrivez une liste des activités que vous voulez organiser pour la fête.

L'INVITATION

LE MENU

> Je vais servir du vin blanc...

LES ACTIVITÉS POUR LA SOIRÉE

> Nous allons regarder ses vieilles photos...

B. **Une fête d'anniversaire.** Sur une autre feuille de papier, écrivez une rédaction dans laquelle vous décrivez une fête imaginaire que vous avez donnée pour l'anniversaire d'un(e) ami(e). Expliquez les choses suivantes dans la rédaction:

- quand et où vous avez fait la fête
- qui vous avez invité
- quand ils sont arrivés

- ce que vous avez servi
- ce qu'on a fait
- à quelle heure tout le monde est parti

Chapitre 7
En vacances

By the end of this chapter, you should be able to do the following in French:

• Choose vacation activities
• Decide where to go on vacation
• Prepare for a trip
• Make travel arrangements

Pour commencer

A. Où passent-ils leurs vacances? Regardez les illustrations suivantes et dites où les personnes indiquées passent leurs vacances cette année. Dites aussi deux ou trois choses que chacun fait probablement dans l'endroit indiqué.

EXEMPLE   Maryse **passe ses vacances à la campagne.**
Elle fait des pique-niques et elle fait des promenades.

Éric et Thomas _____

_____

_____

Mon frère _____

_____

_____

Ma tante et mon oncle _____

_____

_____

B. Que font-ils? Utilisez une des expressions aux pages 236–237 du livre ou une des expressions avec **faire** à la page 177 pour imaginer ce que les gens suivants font pendant leurs vacances dans les endroits francophones indiqués.

EXEMPLE   Luc passe ses vacances en Guadeloupe.   →   **Il fait de la plongée sous-marine.**

1. Mes cousins passent leurs vacances à Paris.

   _____

2. Mes grands-parents passent leurs vacances sur la Côte d'Azur.

   _____

3. Ma sœur et moi, nous passons nos vacances à Tahiti.

   _____

4. Gilbert et Andrée passent leurs vacances dans les Alpes près de Grenoble.

   _____

5. Ma tante et mon oncle restent à la maison à Québec.

   _____

C. Vos vacances cette année. Vous parlez de vos vacances cette année avec un(e) ami(e). Complétez la conversation pour expliquer ce que vous comptez faire. Si vous n'avez pas encore fait de projets pour vos vacances, utilisez votre imagination.

— Tu vas à la mer cette année?

— _____

— Combien de temps est-ce que tu comptes rester?

— _____

— Tu pars quand?

— _____

D. Des vacances passées. Sur une autre feuille de papier, écrivez un paragraphe décrivant des vacances agréables du passé. Parlez des choses suivantes dans votre paragraphe:

- où vous êtes allé(e) et avec qui
- combien de temps vous êtes resté(e) dans cet endroit
- quand vous êtes parti(e) et quand vous êtes rentré(e) chez vous
- quel temps il a fait
- ce que vous avez fait dans cet endroit

Comment s'y prendre?

Using your knowledge of the world

Your knowledge of travel in the Caribbean will help you read this information brochure for tourists in Guadeloupe. First do the following activity.

A. Une île tropicale. Guess (in English) one piece of information you would find under the following headings for **Guadeloupe**.

FORMALITÉS: _____

LANGUE: _____

MONNAIE: _____

CLIMAT: _____

VÊTEMENTS: _____

SHOPPING: _____

B. Avez-vous compris? Read the brochure and circle the line(s) where the following questions are answered. Write the number of the question next to the corresponding circled line(s) in the brochure.

1. Est-ce que tout le monde peut parler français en Guadeloupe?

2. Quel est le mot créole pour les vents qui rafraîchissent (*refresh*) l'île?

3. Quelle est la température de l'eau?

DÉPARTEMENT FRANÇAIS
POPULATION

Population totale.................................387 000 hab.
Chef-lieu.............................Basse-Terre 15 000 hab.
Ville commerciale.............Pointe-à-Pitre 28 000 hab.

NOMS DES ÎLES

Guadeloupe ou Basse-Terre.......848 km² ......135 341 hab.
Grande-Terre.............................586 km² ......163 668 hab.
Marie-Galante ....157 km² ....13 757 hab.
La Désirade.................................22 km² ....1 602 hab.
Les Saintes ....14 km² ....2 901 hab.
Saint-Barthélemy ....21,2 km² ....3 059 hab.
Saint-Martin (partie française)......54 km² ....8 072 hab.

INFORMATIONS

FORMALITÉS: Passeport en cours ou carte d'identité pour les Français. Autorisation parentale de sortie de territoire pour les enfants mineurs non-accompagnés et passeport. Pas de vaccination obligatoire.

LANGUE: Langue officielle: le français. Compris et parlé par toute la population. On y parle aussi le créole, sorte de patois local où l'on retrouve des expressions du vieux français. Anglais courant dans les îles voisines.

MONNAIE: Le franc français. Cartes de crédit acceptées (ou chèques de voyages) dans les hôtels et les lieux touristiques.

CLIMAT: Tropical, rafraîchi par les «Alizés» toute l'année. Chaud et humide en juillet/août. Plus frais et sec de janvier à avril. Température moyenne de 27° à 30° C toute l'année. L'eau varie de 24° à 28°.

VÊTEMENTS: Tenues légères, en coton de préférence. Prévoir un petit lainage pour les soirées.

SHOPPING: Poteries, vanneries, fleurs, épices, rhum.

Qu'est-ce qui se passe?

Quelle aventure! Luc explique comment il a rencontré Micheline. Complétez ses phrases avec un verbe au **passé composé.**

Je _____ au parc naturel.

J' _____ le sommet du volcan.

J' _____ voir des jets de vapeur.

J' _____ à crier: «Attention!».

J' _____ la connaissance de Micheline.

Nous _____ l'escalade du volcan ensemble.

J' _____ l'impression d'être sur une autre planète.

| aller |
| commencer |
| faire |
| *continuer* |
| AVOIR |
| regarder |
| penser |

Remarquez que...

Voici une carte touristique de Basse-Terre, la moitié occidentale (*western-half*) de la Guadeloupe. (Consultez la carte à la page 243 du livre pour sa situation.) Dû à une erreur éditoriale, on a oublié les légendes suivantes. Indiquez le placement de chacune en écrivant son numéro dans le blanc approprié.

1. Près de Deshaies, la plage de la Grande Anse: «plage-carte postale» sous les tropiques: cocotiers majestueux, sable à perte de vue et eau limpide de la mer des Caraïbes.
2. La Soufrière est toujours en activité. Elle culmine à 1467 m d'altitude au-dessus d'un ancien cratère: la Citerne.
3. Basse-Terre, la plus ancienne ville des Antilles françaises, centralise l'administration de la Guadeloupe.
4. La noix de coco, cueillie encore verte, est pleine d'une «eau de coco» rafraîchissante.
5. De Goyave à Trois-Rivières, les grandes plantations de bananes gravissent monts et vallées.
6. Parc archéologique des roches gravées à Trois-Rivières. Un splendide jardin tropical aménagé recelle les vestiges curieux de la civilisation Arawak.

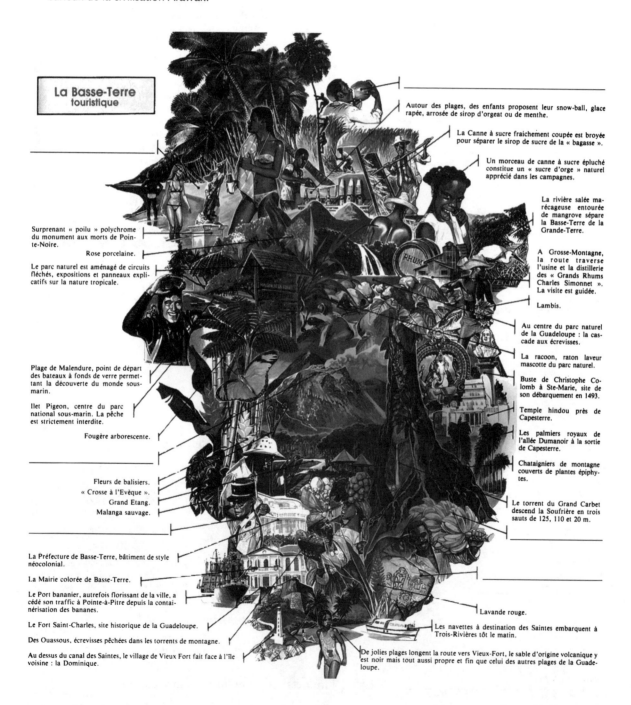

La Basse-Terre touristique

Autour des plages, des enfants proposent leur snow-ball, glace rapée, arrosée de sirop d'orgeat ou de menthe.

La Canne à sucre fraîchement coupée est broyée pour séparer le sirop de sucre de la « bagasse ».

Un morceau de canne à sucre épluché constitue un « sucre d'orge » naturel apprécié dans les campagnes.

La rivière salée marécageuse entourée de mangrove sépare la Basse-Terre de la Grande-Terre.

Surprenant « poilu » polychrome du monument aux morts de Pointe-Noire.

Rose porcelaine.

Le parc naturel est aménagé de circuits fléchés, expositions et panneaux explicatifs sur la nature tropicale.

A Grosse-Montagne, la route traverse l'usine et la distillerie des « Grands Rhums Charles Simonnet ». La visite est guidée.

Lambis.

Au centre du parc naturel de la Guadeloupe : la cascade aux écrevisses.

La racoon, raton laveur mascotte du parc naturel.

Buste de Christophe Colomb à Ste-Marie, site de son débarquement en 1493.

Temple hindou près de Capesterre.

Plage de Malendure, point de départ des bateaux à fonds de verre permettant la découverte du monde sous-marin.

Ilet Pigeon, centre du parc national sous-marin. La pêche est strictement interdite.

Fougère arborescente.

Les palmiers royaux de l'allée Dumanoir à la sortie de Capesterre.

Chataigniers de montagne couverts de plantes épiphytes.

Le torrent du Grand Carbet descend la Soufrière en trois sauts de 125, 110 et 20 m.

Fleurs de balisiers.
« Crosse à l'Evèque ».
Grand Etang.
Malanga sauvage.

La Préfecture de Basse-Terre, bâtiment de style néocolonial.

La Mairie colorée de Basse-Terre.

Le Port bananier, autrefois florissant de la ville, a cédé son traffic à Pointe-à-Pitre depuis la containérisation des bananes.

Le Fort Saint-Charles, site historique de la Guadeloupe.

Des Ouassous, écrevisses pêchées dans les torrents de montagne.

Au dessus du canal des Saintes, le village de Vieux Fort fait face à l'île voisine : la Dominique.

Lavande rouge.

Les navettes à destination des Saintes embarquent à Trois-Rivières tôt le matin.

De jolies plages longent la route vers Vieux-Fort, le sable d'origine volcanique y est noir mais tout aussi propre et fin que celui des autres plages de la Guadeloupe.

SUJET DE CONVERSATION 1   Deciding where to go on vacation

A. Les continents et les pays. Sur la carte suivante, écrivez le nom de chaque pays et de chaque continent présentés à la page 245 du livre.

B. Les voyages de Christian. Voici un résumé des endroits que Christian a visités dans le monde. Complétez le paragraphe avec la préposition appropriée pour chaque ville et pays mentionnés.

Christian vient _____ États-Unis, mais il a voyagé partout! L'année dernière il est allé

_____ Mexique, _____ Antilles et _____ France! Il a habité

_____ Canada où il est allé à l'Université _____ Montréal. Après, il a voyagé

partout _____ Europe et il a passé quelques semaines _____ Paris où il a vu

tous les monuments historiques et les musées. Ensuite il est allé _____ Grande-Bretagne

pendant une semaine, mais finalement il n'avait plus d'argent et il a dû revenir _____

États-Unis.

C. Où sont-ils allés? Dites où les personnes suivantes sont allées en vacances. Utilisez un endroit dans la liste avec la préposition appropriée. Imaginez aussi une chose qu'ils ont fait dans cet endroit.

Égypte	Antilles	Espagne	*France*	Canada

EXEMPLE **Mes parents sont allés en Espagne. Ils ont visité des sites historiques et ils ont pris beaucoup de photos.**

Mon (Ma) meilleur(e) ami(e) _____

_____

_____

Mes cousins _____

_____

_____

Mes amis et moi, nous _____

_____

_____

Ma voisine _____

_____

_____

D. D'où viennent-ils? Expliquez de quelle ville les personnes suivantes viennent. Utilisez le verbe **venir**.

1. Je _____

2. Mes parents _____

3. Le président des États-Unis _____

E. Où avez-vous voyagé? Sur une autre feuille de papier, écrivez un paragraphe de cinq ou six phrases résumant les endroits (aux États-Unis ou à l'étranger) où vous avez voyagé ou habité. Utilisez les verbes **aller, voyager, habiter** et **visiter** avec l'article ou la préposition nécessaire.

SUJET DE CONVERSATION 2   Preparing for a trip

A. Préparatifs. Qu'est-ce que Catherine et Alain ont fait avant et pendant leur voyage? Racontez leur voyage en écrivant les phrases suivantes dans l'ordre logique. Mettez les verbes au **passé composé**.

prendre un taxi à l'aéroport
montrer leur passeport
passer à la douane
emprunter de l'argent pour le voyage
lire des guides touristiques
arriver en Guadeloupe

faire un itinéraire
parler à l'agent de voyages
faire leurs valises
écrire pour réserver une chambre d'hôtel
prendre l'avion
monter dans l'avion

1. *Ils ont emprunté de l'argent pour le voyage.* _____

2. _____

3. _____

4. _____

5. _____

6. _____

7. _____

8. _____

9. _____

10. _____

11. _____

12. _____

B. Avant, pendant ou après? Dites si on fait les choses suivantes avant de partir en voyage, pendant le voyage ou après le retour. Écrivez des phrases complètes.

EXEMPLE   acheter des chèques de voyages
On achète des chèques de voyage avant de partir.

1. lire des guides touristiques _____

2. prendre des photos _____

3. montrer des photos du voyage à des amis _____

4. écrire des cartes postales _____

5. faire des économies _____

C. *Dire, lire* et *écrire.* Complétez les phrases de la conversation suivante avec la forme correcte du verbe **dire, lire** ou **écrire** au présent ou au passé composé.

— Qu'est-ce que tu _____?

— C'est un article sur Euzhan Palcy. C'est la femme qui a fait le film *Rue cases nègres.*

— Elle est guadeloupéenne?

— On _____ ici qu'elle est martiniquaise.

— C'est elle qui _____ le roman aussi?

— Non, c'était l'écrivain martiniquais Joseph Zobel qui l' _____. Je

l' _____ l'année dernière.

— Louons la cassette vidéo ce soir! Mes amis Alain et Catherine me _____
toujours que je dois apprendre plus sur la culture créole.

D. *Lui* ou *leur?* Récrivez (*Rewrite*) les phrases suivantes en utilisant le pronom **lui** ou **leur**.
EXEMPLE   Luc écrit une carte postale à Alain et Catherine.   →   **Il leur écrit une carte postale.**

1. Alain et Catherine téléphonent à Luc en Guadeloupe. _____

2. Catherine achète un billet d'avion pour Alain. _____

3. La Guadeloupe plaît beaucoup aux touristes français. _____

4. Micheline décrit la culture créole à Luc. _____

5. Le guide montre l'île à Luc, Alain et Catherine. _____

E. **Et vous?** Répondez aux questions suivantes en utilisant le pronom **lui** ou **leur**.

1. Est-ce que vous écrivez souvent à vos parents?

_____

2. Est-ce que vous dites toujours la vérité (*truth*) à votre meilleur(e) ami(e)?

_____

3. Est-ce que vous posez beaucoup de questions à votre professeur?

_____

4. Est-ce que vous empruntez de l'argent à vos parents?

_____

SUJET DE CONVERSATION 3   Making travel arrangements

A. Un coup de téléphone. Deux amis parlent au téléphone. Complétez leur conversation avec la forme correcte d'un verbe en **-re: attendre, entendre, perdre, rendre, dépendre, descendre.**

— Allô! Allô! Marc, est-ce que tu m'_____? Il y a beaucoup de bruit!

— Daniel? C'est toi?

— Oui, c'est moi. Dis, Sophie doit aller à Marseille pour affaires (*business*) vendredi et nous voudrions

te _____ visite aussi si tu vas être là.

— C'est formidable! Vous n'avez pas l'intention de _____ dans un hôtel,

j'espère (*I hope*)! Vous pouvez passer le week-end ici. À quelle heure est-ce que vous allez arriver?

— Je ne sais pas encore. Ça _____ de quel vol on prend.

Je _____ patience avec notre agent de voyages.

J'_____ encore (*still*) son coup de téléphone.

— Bon, téléphonez-moi à votre arrivée et je peux venir vous chercher. Je vais

_____ à la maison.

— Non, non! Ne _____ pas ton temps à nous attendre! On peut prendre
un taxi.

— Non, j'insiste! Ça me fait toujours plaisir de vous voir.

B. Qui fait ça pour vous? Dites qui fait les choses suivantes pour vous. Utilisez le pronom **me**. Ensuite, indiquez la dernière fois qu'ils ont fait ces choses.

EXEMPLE   écrire   →   **Mes cousins de Nice m'écrivent souvent. Ils m'ont écrit le mois dernier.**

1. rendre souvent visite _____

2. inviter à sortir _____

3. téléphoner _____

4. écrire _____

5. prêter de l'argent _____

6. emprunter quelque chose _____

C. Questions. Répondez aux questions suivantes avec une phrase complète.

1. Quand votre professeur est en retard, combien de temps est-ce que vous l'attendez?

_____

2. Est-ce que vous l'avez attendu, le dernier cours?

_____

3. Est-ce que votre professeur vous pose beaucoup de questions en classe?

_____

4. Quand vos camarades de classe et vous lui posez des questions, est-ce qu'il vous répond en français ou en anglais?

_____

5. Est-ce qu'il vous explique la grammaire en classe ou est-ce que vous lisez les explications à la maison?

_____

6. Est-ce que le professeur vous rend vos examens au début (*beginning*) ou à la fin (*end*) du cours?

_____

7. Est-ce que vous lui rendez quelquefois visite pendant ses heures de bureau?

_____

D. La même chose. Vous allez passer vos vacances en Guadeloupe et vous parlez à un ami qui y a passé ses vacances l'année dernière. Chaque fois que vous dites que vous allez faire quelque chose, il dit qu'il a fait la même chose. Utilisez le pronom **y** ou un pronom complément d'objet direct ou indirect pour les mots en caractères gras dans vos réponses.

EXEMPLE   Je vais descendre **à l'hôtel le Bougainvillée.**   →   **J'y suis descendu aussi.**

1. Quelqu'un de l'hôtel va venir **à l'aéroport** me chercher. _____

2. La Guadeloupe va **me** plaire beaucoup. _____

3. Je vais visiter **le volcan la Soufrière**. _____

4. Je vais lire **le _Guide Michelin_** avant de partir. _____

5. Je vais **t'**écrire une carte postale. _____

E. Une conversation. Vous parlez à un(e) ami(e) de votre dernier voyage en avion. Écrivez une conversation sur une autre feuille de papier et parlez des choses suivantes:
- où vous êtes allé(e)
- si vous êtes descendu(e) dans un hôtel ou chez des amis
- si quelqu'un est venu vous chercher à l'aéroport, si vous avez pris un taxi ou si vous avez loué une voiture

C'est à lire!

Quel film? Avant de lire l'article suivant sur la cinéaste martiniquaise Euzhan Palcy en détail, parcourez-le (*skim it*) et trouvez le titre de ses trois films. Complétez les phrases suivantes.

1. Son premier film s'appelle _____.

2. Son film _____ est situé en Afrique du Sud.

3. Elle utilise la musique Zouk dans son film _____.

Euzhan Palcy et le jeune cinéma antillais

Première femme antillaise à **tourner** un long métrage en Martinique, Euzhan Palcy connaît, depuis son premier film *Rue cases nègres* (*Sugar Cane Alley*) en 1983, un succès qui n'**a cessé** de **grandir** au cours de ces dernières années. Ce film, adaptation du roman de l'écrivain Joseph Zobel, a gagné plusieurs prix importants et a établi de **façon** définitive sa réputation mondiale. **Grâce à** ce début **éclatant**, elle a pu faire (pour les studios MGM) son deuxième film *Une Saison blanche et sèche* (*A Dry White Season*), un drame tourné en Afrique du Sud. L'expérience de travailler sous le système de l'apartheid a été très **déprimante** pour elle, comme elle dit: «Je suis sortie en **morceaux** de mon tournage sud-africain. Je ne pouvais pas voir une image d'Afrique à la télévision sans avoir les **larmes** aux yeux.» Il n'est donc pas **surprenant** qu'après avoir traité ce triste sujet de l'apartheid, elle ait eu bien besoin de faire un film très différent, et l'heureux résultat est son nouveau film, *Siméon*, sorti à Paris décembre dernier. Dans ce film, elle utilise la musique — le Zouk — de Martinique et Guadeloupe et aussi les légendes folkloriques pour raconter l'histoire d'un professeur de musique (Siméon) mort et devenu *soucougnan* (le mot créole pour un **esprit**), qui reste sur terre pour aider un jeune groupe de musiciens Zouk à trouver le succès qu'ils méritent. Avec son récit, qui **se divise** entre la Guadeloupe et Paris, c'est aussi l'histoire du choc de deux cultures différentes. Mais ce film est avant tout, comme Mme Palcy le dit, **un conte** fantastique antillais, qui **mélange** les éléments essentiels de la vie aux îles (musique, légendes, valeurs sociales) d'une façon sensible, agréable et surtout intelligente.

Maintenant établie à Paris, et partenaire de sa **propre** compagnie de production Saligna, Mme Palcy travaille actuellement sur *Aimé Césaire: Une voix pour l'histoire*, une série de trois documentaires sur le célèbre Aimé Césaire (fondateur du mouvement de la négritude en littérature). Elle n'est pas seulement **réalisatrice** de beaux films, mais aussi militante, surtout parce que l'un des **buts** de sa compagnie est de **créer** des opportunités pour d'autres jeunes Antillais qui voudraient travailler dans le cinéma. **Une voix** jeune et innovatrice et seulement après trois films bien **reçus** par le public — Euzhan Palcy a certainement **attiré** beaucoup d'attention sur le cinéma antillais naissant. De plus, elle a **réussi** à **revaloriser** la culture créole antillaise dans tous ses aspects grâce à ses films, elle nous a donné à tous une ouverture sur une culture riche et fascinante.

---

tourner *to film* **cesser** *to cease, to stop* **grandir** *to grow* **la façon** *the way* **grâce à** *thanks to* **éclatant(e)** *spectacular* **déprimant(e)** *depressing* **un morceau** *piece* **une larme** *tear* **surprenant(e)** *surprising* **un esprit** *spirit* **se diviser** *to be divided* **un conte** *tale* **mélanger** *to mix* **propre** *own* **un(e) réalisateur(-trice)** *producer* **un but** *goal* **créer** *to create* **une voix** *voice* **reçu(e)** *received* **attirer** *to attract* **réussir** *to succeed* **revaloriser** *to promote*

Avez-vous compris? Répondez aux questions suivantes.

1. Est-ce que Mme Palcy a tourné tous ses films aux Antilles? Où est-ce qu'elle a travaillé?

   _____

2. Quel est le sujet de son nouveau film *Siméon*?

   _____

3. Quels sont les éléments qu'elle mélange dans ce film?

   _____

4. Pourquoi est-ce qu'on dit dans l'article qu'elle est militante?

   _____

 If you have access to *système-D* software, you will find corresponding grammar, vocabulary, and phrases in the following categories: adjective agreement; adjective position; city; continent; countries; days of the week; describing weather; direction and distance; geography; inviting; leisure; linking ideas; locative pronoun *y*; means of transportation; nationality; offering; prepositions with locations; restaurant; time of day; traveling; welcoming.

Ça y est! C'est à vous!

A. **Organisez-vous.** Vous allez écrire une brochure touristique pour un endroit où vous avez passé des vacances agréables. D'abord, complétez les phrases suivantes pour vous organiser.

1. Cet endroit s'appelle _____.

2. Sa population est de _____ habitants.

3. La devise (*currency*) acceptée est le _____.

4. L'aéroport est à _____ minutes des centres touristiques et il y a _____ vols

   entre cet endroit et _____ tous les jours.

5. On parle _____ mais dans les hôtels on parle aussi _____.

6. En hiver, il fait _____. En été, il fait _____.

7. Dans cet endroit, on peut acheter _____.

8. Cet endroit est connu pour _____.

B. **Des vacances passées.** Maintenant, préparez votre brochure sur une autre feuille de papier. Écrivez un paragraphe pour chacun des thèmes suivants.

- la situation, la population, la proximité de l'aéroport et le nombre de vols chaque jour
- les services tels que (*such as*) les hôtels, les restaurants, etc.
- le temps
- les activités culturelles et les activités de plein air

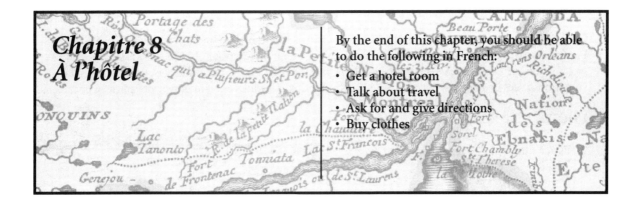

Chapitre 8
À l'hôtel

By the end of this chapter, you should be able to do the following in French:
• Get a hotel room
• Talk about travel
• Ask for and give directions
• Buy clothes

Pour commencer

A. Où peuvent-ils descendre? Dans quelle sorte d'hôtel est-ce que les personnes suivantes peuvent descendre en vacances? Utilisez le vocabulaire à la page 272 du livre pour formuler vos réponses.

EXEMPLE Patricia Franchetti (étudiante) → **Elle peut descendre dans une auberge de jeunesse.**

1. Georges et Cécile Duménage — un couple de jeunes mariés

_____

2. M. et Mme Lefric — un vieux couple très riche

_____

3. vos amis et vous — étudiants

_____

B. Comment vont-ils régler la note? Maintenant, écrivez une phrase qui explique comment les personnes de l'exercice précédent vont régler la note.

EXEMPLE Patricia   → **Elle va régler la note en espèces.**

1. Georges et Cécile Duménage

_____

2. M. et Mme Lefric

_____

3. vos amis et vous   **???**

_____

C. Quel hôtel? Relisez les descriptions du *Guide Michelin* pour l'Hôtel de Weha et l'Hôtel Concorde La Fayette à la page 277 du livre. Ensuite, lisez ci-dessous les publicités pour ces hôtels, prises (*taken*) des pages jaunes de l'annuaire de téléphone de Paris. Imaginez qu'un(e) camarade et vous travaillez à la réception de ces deux hôtels pendant l'été. Répondez aux questions suivantes avec des phrases complètes.

L'HÔTEL DE WEHA

1. Est-ce que toutes les chambres sont avec salle de bains?

   _____

2. J'ai besoin de 40 chambres pour un groupe de touristes. Est-ce que vous avez assez de places pour nous?

   _____

3. De quelle heure à quelle heure est-ce que vous servez le petit déjeuner?

   _____

4. Est-ce que vous acceptez les cartes de crédit American Express?

   _____

L'HÔTEL CONCORDE LA FAYETTE

1. Est-ce que votre hôtel est près des sites touristiques?

   _____

2. Est-ce que vous avez des chambres non-fumeurs?

   _____

3. Est-ce que vous pouvez faire nos réservations pour le théâtre?

   _____

4. Avez-vous des salles de réceptions?

   _____

(1) 45 86 06 06
Télex: 206898 F
Télécopie: (1) 43 31 42 06

HOTEL DE WEHA
Place d'Italie

34 chambres et suites
toutes équipées: salles de bains et w.-c.
tv couleurs, programmes français et étrangers
magnétoscopes, vidéothèque 40 films
radio et radio-réveil
coffres-forts, Mini-bar
Téléphone direct et minitel
Bar et petit déjeuner 24h/24
ascenseur

Proche Autoroute A6 - A4
et Périphérique

205, av. de Choisy 75013 Paris

Cartes de crédit: EUROCARD, AMERICAN EXPRESS, VISA, CARTE BLEUE, DINER'S

HÔTEL CONCORDE LA FAYETTE
— PARIS —

Hôtel - Restaurant

1000 chambres et suites insonorisées avec air conditionné
Minibar, téléphone direct, TV couleurs
pour non-fumeurs un étage spécial
Agence de théâtre, bar panoramique,
coffee-shop, boutiques
À 5 minutes de l'Arc de Triomphe et des Champs-Élysées
«Top Club» un plus à la disposition des femmes
et des hommes d'affaires
Salons de réceptions de 5 à 40 personnes
Cocktails de 24 à 4 000 personnes

3, place du Général Koenig - 75017 PARIS
Télex : 650892 - Fax : (1) 40 68 50 43

Hôtel Concorde La Fayette
75 Paris
(1) 40 68 50 68

Comment s'y prendre?

Faux amis

Faux amis are words that look like English words, but do not have the same meaning in French. The words to the right are **faux amis**. Skim the descriptions of the hotels in Guadeloupe that follow to find these words and, using the context, match each word with its true meaning in French. The first one has been done as an example.

sable — *sand*
formule *package*
pension *board*
gratuit(e) — *free*
animation *rental*
restauration *restaurant service*
location *social activities*

NOVOTEL FLEUR D'ÉPÉE
Hôtel Loisirs, à Bas-du-Fort

Au lieu dit Bas-du-Fort, à 6 km de Pointe-à-Pitre, au cœur d'un jardin tropical luxuriant, et en bordure d'une jolie plage de sable fin, le Fleur d'Épée fait partie d'une nouvelle génération d'hôtels, spécialement conçus par la chaîne Novotel pour les loisirs et les vacances.
FORMULE:
Logement et petit déjeuner buffet. Option demi-pension.
LOGEMENT:
192 chambres sur 3 niveaux avec bains, téléphone direct, télévison, climatisation et balcon (vue mer avec supplément). 3e lit possible.
À VOTRE DISPOSITION:
Restaurant en bordure de piscine, snack de plage, pour restauration légère à midi. Bar, boutique, salon de coiffure, salons. Piscine d'eau douce avec chaises longues. Discothèques à proximité.
SPORTS ET LOISIRS:
Gratuits: Planche à voile, petit voilier, plongée libre, tennis (2 courts), ping-pong, volley-ball, pétanque, jeux de société. Une fois par semaine, initiation collective au tennis, à la plongée en piscine, à la planche à voile.
Payants: Ski nautique, scooter de mer, plongée, voile, sorties en mer, pêche en haute mer, tennis.
Animation: Cocktail de bienvenue, cocktail de la direction, soirées dansantes avec orchestre, soirées antillaises, soirées à thème (barbecue, langouste, etc.), initiation à la cuisine créole.

CALLINAGO VILLAGE
Hôtel, à Gosier

Situé à Gosier, à 7 km de Pointe-à-Pitre, et en bordure d'une belle plage de sable fin bordée de cocotiers, le Callinago Village vous permettra de passer des vacances en toute liberté, avec la possibilité de profiter des prestations hôtelières du Callinago Beach, son voisin.
FORMULE:
Logement seul.
LOGEMENT:
En studio (3 personnes maximum), avec balcon, salle de bains, kitchenette entièrement aménagée, téléphone direct.
En duplex (5 personnes maximum), avec le même confort, plus une chambre avec douche, lavabo et toilettes.
À VOTRE DISPOSITION:
Restaurant, snack-crêperie-pizzeria près de la piscine d'eau douce, bar. À la galerie marchande proche: boutiques, location de voitures. Plage aménagée avec chaises longues (gratuites).
SPORTS ET LOISIRS:
Gratuits: Tennis (à proximité), initiation à la plongée en piscine, planche à voile, pédalos, ping-pong, pétanque.
Payants: Tennis (éclairage), ski nautique, plongée, promenade en mer.
Animation: Cocktail de bienvenue, buffet créole avec folklore, buffet de la mer avec orchestre et attraction, bar dansant, steelband.

Avez-vous compris? Read the ads for the two hotels and answer the following questions in English.

1. Which hotel is probably the more expensive? Why?

_____

2. Which hotel seems geared more toward the independent tourist? Why?

_____

Qu'est-ce qui se passe?

À la réception

Vous êtes à la réception d'un hôtel en Guadeloupe. Complétez votre conversation avec l'hôtelier. Posez des questions logiques qui correspondent aux réponses données.

VOUS: _____?

L'HÔTELIER: Oui. J'ai une chambre avec un grand lit.

VOUS: _____?

L'HÔTELIER: C'est 295F par nuit.

VOUS: _____?

L'HÔTELIER: Oui. J'ai une autre petite chambre à 180F par nuit.

VOUS: _____?

L'HÔTELIER: Il y a un supplément de 25F par personne.

VOUS: _____?

L'HÔTELIER: Non. Mais il y a un bon restaurant pas très cher au coin de la rue.

Remarquez que...

Le français est parlé et compris partout en Guadeloupe et Martinique, mais beaucoup de gens parlent aussi le créole. Lisez ce texte et faites les exercices suivants.

A. Avez vous compris? D'après l'article, comment exprime-t-on les choses suivantes en créole?

1. l'amour: _____

2. la jalousie: _____

3. l'indécision: _____

4. voir: _____

> «La langue créole est la plus belle du monde, parce qu'elle est née du **choc** de deux cultures très anciennes, la France et l'Afrique, et qu'en même temps elle a **gardé le jaillissement**, la nouveauté et la liberté de **la jeunesse**.», dit l'écrivain J.-M. Le Clézio. L'auteur du *Chercheur d'or* et d'*Onitsha** **ajoute**: «Le créole est **physique** avant tout, il met en relation **les êtres** et les choses, il montre le **raccourci** de la mémoire où le vrai **côtoie** l'absurde. **L'amour** c'est *le content*, **la jalousie**, c'est *gro ker* (gros **cœur**), l'indécision, *dé ker* (deux cœurs), voir, c'est *guetter* ou *trouver*. Avoir, c'est *gagner*...»
>
> *Publiés par les éditions Gallimard

> **le choc** *clash* **garder** *to keep* **le jaillissement** *outpouring, thrust* **la jeunesse** *youth* **ajouter** *to add* **physique** *physical* **les êtres** *(m) beings* **le raccourci** *shortcut* **côtoyer** *to border on* **l'amour** *(m) love* **la jalousie** *jealousy* **le cœur** *heart* **guetter** *to watch out for*

B. Les chiffres en créole. Voici les chiffres jusqu'à dix en créole. Est-ce que vous pouvez écrire le numéro correct à côté de chacun? Le numéro 1 sert comme exemple.

senk _____, dé _____, kat _____, sis _____, yonn __1__, dis _____, sèt _____, uit _____,

twa _____, nèf _____

SUJET DE CONVERSATION 1   Talking about travel

A. Quel moyen de transport? Imaginez quelle sorte de voyage les personnes suivantes vont faire. Donnez aussi un moyen de transport logique pour chacune.

> **VOYAGES**
> faire une croisière
> **faire le tour du monde**
> *rester dans son pays*
> voyager à l'étranger
> voyager dans un autre état

> **MOYENS DE TRANSPORT**
> prendre?   louer?
> *une voiture*   un train
> un avion   un bateau
> *un autocar*

EXEMPLE   M. LeMaire — homme d'affaires   →   **Il va voyager à l'étranger. Il va prendre l'avion.**

1. moi — étudiant(e) _____

_____

2. ma tante et mon oncle — touristes _____

_____

3. M. Téméraire — explorateur mondial _____

_____

B. Non! C'est le contraire! Exprimez le contraire des phrases suivantes en remplaçant les verbes en caractères gras par le verbe **sortir (de)** ou **partir (de / pour)**.

1. Alain et Catherine **arrivent** ici aujourd'hui.

_____

2. Nous **entrons** par la porte de gauche.

_____

3. Luc **arrive de** Pointe-à-Pitre demain.

_____

4. Nous **restons à la maison** tous les soirs.

_____

5. Micheline **entre dans** l'hôtel.

_____

C. **Le jour du départ.** Voici ce que Catherine et Alain ont fait le matin de leur départ de l'hôtel. Complétez avec le passé composé de **partir, sortir, dormir, courir** ou **servir.**

Drring! Le réveil a sonné à 6h30, Catherine _____ a dormi _____

encore un peu avant de se lever (*getting up*), mais Alain

_____ pour courir un peu. Ensuite, le

serveur est arrivé et il _____ le petit

déjeuner dans la chambre. Après avoir pris tranquillement leur café, Alain a

remarqué qu'il était déjà 10h30. Ils _____ de la chambre en

vitesse et ils _____ à la réception pour régler la note. L'employé

à la réception a appelé un taxi pour Catherine et Alain, mais ils sont arrivés à l'aéroport avec dix

minutes de retard. Heureusement, leur vol _____ avec une

heure de retard.

D. **Les verbes comme** *prendre.* Complétez les questions avec **prendre, apprendre, comprendre** ou **surprendre** (*surprise*). Ensuite, répondez à chacune avec une phrase complète.

1. Combien d'étudiants _____ l'autobus à votre université?

_____

2. Dans quel(s) cours est-ce que vous _____ des choses intéressantes?

_____

3. Qui _____ toujours le professeur dans votre classe?

_____

4. Est-ce que les différences culturelles vous _____ quelquefois?

_____

E. **On part pour le week-end!** Sur une autre feuille de papier, décrivez la dernière fois que vous êtes parti(e) en week-end. Parlez des choses suivantes dans votre paragraphe:
- où vous êtes allé(e)
- à quelle heure vous êtes parti(e) et à quelle heure vous êtes arrivé(e)
- quel moyen de transport vous avez pris pour y aller
- ce que vous avez fait
- quand vous êtes rentré(e) du week-end

SUJET DE CONVERSATION 2 Asking for and giving directions

A. Comment sortir de l'hôtel? Vous êtes dans la chambre 1 et vous expliquez à un ami comment sortir de l'hôtel. Complétez les directions avec l'impératif (la forme de **tu**) de l'un des verbes suivants: **sortir, tourner, continuer, descendre, traverser.**

EXEMPLE   D'abord, _sors_ de notre chambre.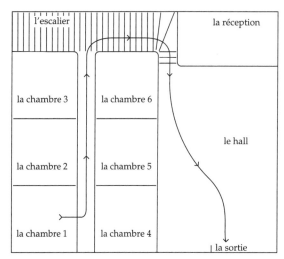
Notre chambre se trouve en face
de la chambre 4.

1. Ensuite, _____ à
gauche dans le couloir.

2. Puis, _____ tout
droit jusqu'à l'escalier.

3. Là, _____ l'escalier
jusqu'au rez-de-chaussée.

4. _____ le hall.

5. Enfin, _____ de
l'hôtel.

B. Sur le campus. Un nouvel étudiant français veut savoir où se trouvent certaines choses sur votre campus. Répondez à ses questions en utilisant le vocabulaire aux pages 289 et 294 du livre. Soyez aussi précis(e) que possible.

EXEMPLE   Est-ce qu'on peut manger sur le campus?
Oui, le restaurant universitaire se trouve à côté de la bibliothèque près des résidences.
OU   **Non, il n'y a pas de restaurant universitaire sur le campus, mais il y a des fast-foods
tout près d'ici, au bout de la rue Riverside.**

1. Où se trouve la bibliothèque?

_____

2. Où est le stade ou un autre endroit (*place*) où on peut faire du jogging?

_____

3. Où se trouve la librairie?

_____

4. Où est-ce que tu habites?

_____

C. Un agent peu coopératif. Vous demandez des renseignements à un agent de police, mais il n'est pas très coopératif et ne donne pas assez de détails pour vous aider. Complétez la conversation suivante, en posant des questions logiques pour les réponses données. Utilisez l'inversion pour poser les questions.

VOUS : _____?

L'AGENT : Oui, je sais où se trouve le bureau de poste.

VOUS : _____?

L'AGENT : Non, il n'est pas très loin d'ici.

VOUS : _____?

L'AGENT : Oui, il est tout près du cinéma Paradis.

VOUS : _____?

L'AGENT : Non, je ne sais pas à quelle heure il ferme.

D. Faisons-le ensemble! Vous dites à votre camarade de chambre de faire les choses suivantes, mais il/elle n'a pas envie de les faire, alors vous lui suggérez de les faire ensemble. Dans les deux dernières phrases, remplacez les mots en caractères gras par un pronom complément d'objet direct (**le, la, l', les**), par un pronom complément d'objet indirect (**lui, leur**) ou par **y**. Suivez l'exemple.

EXEMPLE   préparer **le dîner**   →   **Prépare le dîner!**
Je n'ai pas envie de *le* préparer.
Alors, préparons-*le* ensemble!

1. faire **la lessive**

_____

_____

_____

2. aller **au supermarché**

_____

_____

3. téléphoner **à l'agent de voyages**

_____

_____

_____

4. apprendre **l'espagnol**

_____

_____

E. Pour aller chez moi... Vous invitez des amis de la classe de français chez vous ce week-end. Sur une autre feuille de papier, écrivez cinq ou six phrases pour expliquer comment aller chez vous en partant de votre classe de français. Utilisez l'impératif et les expressions aux pages 289 et 294 du livre dans vos directions.

SUJET DE CONVERSATION 3   Buying clothes

A. Que portent-ils? Dites ce que les personnes suivantes portent. Utilisez le verbe **porter**.

1.  2.  3.  4.

1. Alice _____

2. Ces deux jeunes mariés _____

3. Véronique _____

4. Alice, Vincent et leurs amis _____

B. Que mettent-ils? Complétez les phrases suivantes avec le verbe **mettre** et des vêtements logiques.

EXEMPLE   Pour aller à la plage, on **met un maillot de bain ou un bikini.**

1. Pour aller à une soirée élégante, je _____.

2. Pour aller au travail, le professeur _____.

3. Pour aller en classe, les étudiants _____.

4. Pour sortir le vendredi soir, mes amis et moi _____.

5. Quand il fait chaud, je _____.

6. Quand il fait froid, il faut _____.

C. C'est à qui, ça? Luc demande à Micheline à qui sont certains objets. Donnez ses réponses en utilisant l'expression **être à** et un pronom disjoint (**moi, toi, lui, elle, nous, vous, eux, elles**).

EXEMPLE   C'est ton chapeau?   →   **Oui, il est à moi.**

1. Ce sont les clés d'Alain? _____.

2. C'est la revue de Catherine? _____.

3. Ce sont les photos de Catherine et Alain? _____.

TOURNEZ
S.V.P.

4. Ce sont les sacs de Catherine et toi? _____.

5. C'est ta voiture? _____.

6. Ce sont les chaussures d'Alain? _____.

D. Les pronoms disjoints. Remplissez (*Fill in*) chaque blanc avec un pronom disjoint (**moi, toi, lui, elle, nous, vous, eux, elles**).

Mon mari et _____, nous faisons souvent du shopping dans les grands magasins.

_____, il préfère regarder les vêtements et il achète toujours beaucoup de choses pour

_____. Mais _____, j'aime plutôt aller dans les rayons (*departments*) de disques

et de livres. Quand j'achète quelque chose, ce n'est pas toujours pour _____, c'est

quelquefois pour mes parents, parce qu'ils me donnent toujours beaucoup de choses. Nous allons chez

_____ ce week-end, alors je dois trouver quelque chose à leur apporter.

E. On achète des vêtements. Vous achetez des vêtements. Complétez la conversation suivante avec la vendeuse.

LA VENDEUSE: Bonjour, monsieur / madame / mademoiselle. Comment est-ce que je peux vous servir?

VOUS : _____

LA VENDEUSE: Quelle taille est-ce qu'il vous faut?

VOUS : _____

LA VENDEUSE: Quelle couleur est-ce que vous préférez?

VOUS :   Je préfère quelque chose en _____. Est-ce que je peux essayer

_____ -ci?

LA VENDEUSE: Mais bien sûr! Voilà la cabine d'essayage.

Vous sortez de la cabine d'essayage.

VOUS :   Oui, je vais prendre _____ -ci.

LA VENDEUSE: Très bien. Et comment est-ce que vous désirez payer?

VOUS : _____

C'est à lire!

L'anglais a emprunté beaucoup de mots du français pour parler des vêtements et de la mode: *negligee, peignoir, culottes, chic,* etc. Ces dernières années, le français a emprunté beaucoup de mots de l'anglais : **T-shirt, shorts, jeans, denim, tennis,** etc. Ces trois derniers mots ont une étymologie particulièrement intéressante parce qu'à l'origine, l'anglais les a empruntés du français, puis le français les a repris de l'anglais sous une forme altérée.

LE FRANÇAIS ORIGINAL	→	L'ANGLAIS	→	LE FRANÇAIS MODERNE
bleu de Gênes (*blue from Genoa, the city in Italy where blue denim cotton orginated*)	→	blue jeans	→	blue jean
de Nîmes (*from Nîmes, a city in Southern France where denim was produced*)	→	denim	→	denim
tenez (*take, a form of the verb* **tenir**)	→	tennis	→	tennis

A. Des mots empruntés. Parcourez (*Skim*) la page du catalogue *Trois Suisses* à la page suivante et trouvez cinq mots empruntés à l'anglais.

_____

_____

B. Avez-vous compris? Lisez la page du catalogue des *Trois Suisses* et trouvez comment on dit les choses suivantes en français. N'oubliez pas qu'il n'est pas nécessaire de comprendre tous les mots pour pouvoir trouver les réponses suivantes.

A. T-shirt HANES: *short sleeves* _____

B. Chemise chambray STRUGGLE'S: *light or dark* _____

   buttoned chest _____

   long sleeves _____

C. Gilet ACROSS en jean: *pockets* _____

   metal buttons _____

   four chest sizes _____

D. Jean COMPLICES: *fitted* _____

   buttoned fly _____

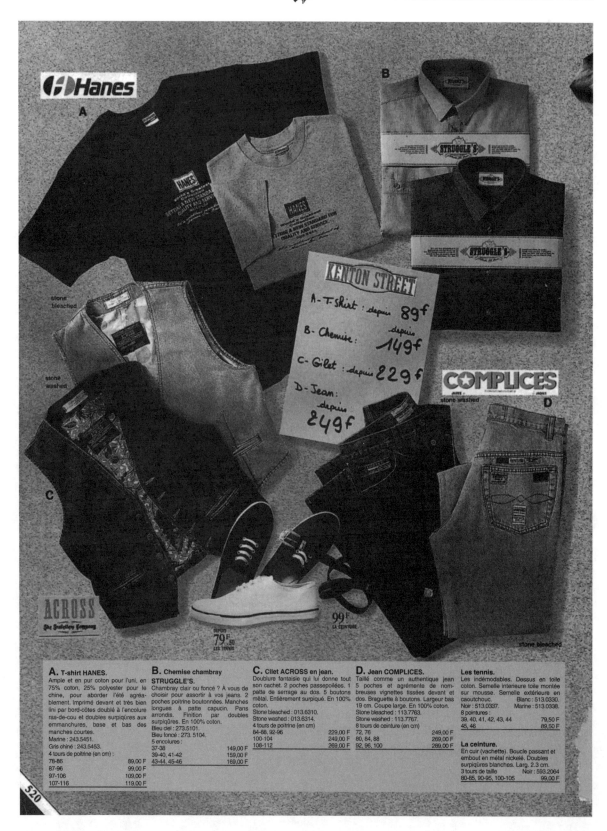

KENTON STREET

A - T-shirt : depuis **89f**

B - Chemise : depuis **149f**

C - Gilet : depuis **229f**

D - Jean : depuis **249f**

A. T-shirt HANES.
Ample et en pur coton pour l'uni, en 75% coton, 25% polyester pour le chine, pour aborder l'été agréablement. Imprimé devant et très bien fini par bord-côtes doublé à l'encolure ras-de-cou et doubles surpiqûres aux emmanchures, base et bas des manches courtes.
Marine : 243.5451.
Gris chiné : 243.5453.
4 tours de poitrine (en cm) :

78-86	89,00 F
87-96	99,00 F
97-106	109,00 F
107-116	119,00 F

B. Chemise chambray STRUGGLE'S.
Chambray clair ou foncé ? À vous de choisir pour assortir à vos jeans. 2 poches poitrine boutonnées. Manches longues à patte capucin. Pans arrondis. Finition par doubles surpiqûres. En 100% coton.
Bleu ciel : 273.5101.
Bleu foncé : 273. 5104.
5 encolures :

37-38	149,00 F
39-40, 41-42	159,00 F
43-44, 45-46	169,00 F

C. Gilet ACROSS en jean.
Doublure fantaisie qui lui donne tout son cachet. 2 poches passepoilées. 1 patte de serrage au dos. 5 boutons métal. Entièrement surpiqué. En 100% coton.
Stone bleached : 013.6310.
Stone washed : 013.6314.
4 tours de poitrine (en cm)

84-88, 92-96	229,00 F
100-104	249,00 F
108-112	269,00 F

D. Jean COMPLICES.
Taillé comme un authentique jean 5 poches et agrémenté de nombreuses vignettes tissées devant et dos. Braguette à boutons. Largeur bas 19 cm. Coupe large. En 100% coton.
Stone bleached : 113.7763.
Stone washed : 113.7767.
8 tours de ceinture (en cm)

72, 76	249,00 F
80, 84, 88	269,00 F
92, 96, 100	289,00 F

Les tennis.
Les indémodables. Dessus en toile coton. Semelle intérieure toile montée sur mousse. Semelle extérieure en caoutchouc.
Blanc : 513.0330.
Noir : 513.0337.   Marine : 513.0338.
8 pointures

39, 40, 41, 42, 43, 44	79,50 F
45, 46	89,50 F

La ceinture.
En cuir (vachette). Boucle passant et embout en métal nickelé. Doubles surpiqûres blanches. Larg. 2.3 cm.
3 tours de taille   Noir : 593.2064

80-85, 90-95, 100-105	99,00 F

520

C. Un bon de commande. Remplissez ce bon de commande pour commander deux des articles à la page précédente. Imaginez que vous habitez dans l'un des départements ou territoires français d'outre-mer en bas (*at the bottom*) du bon de commande. Inventez une adresse et un code postal similaires.

BON DE COMMANDE OUTRE-MER   3 SUISSES

à téléphoner à votre relais, ou à renvoyer à 3 Suisses 59076 ROUBAIX CEDEX 2

JE SUIS LIVRÉE OÙ JE VEUX   (40096)

(Cochez la ou les cases vous concernant)

☐ **à mon adresse habituelle** imprimée ci-contre. Si nécessaire, j'en corrige les mentions inexactes.

☐ **pour cette commande, à une autre adresse** que je vous donne ci-dessous:

☐ Mr ☐ Mme ☐ Mlle ☐ association, société, etc.

NOM (EN MAJUSCULES)

PRÉNOM

ADRESSE

COMMUNE

CODE POSTAL   BUREAU DISTRIBUTEUR

Pour un traitement plus rapide de votre commande:
NOTEZ ICI VOTRE N° DE CLIENT ET VOTRE ADRESSE

N° CLIENT (si vous en possédez un)   VOTRE NUMÉRO DE TÉLÉPHONE

☐ Mr
☐ Mme
☐ Mlle
☐ société, association, etc

NOM (EN MAJUSCULES)

PRÉNOM   BOÎTE POSTALE

ADRESSE

COMMUNE

CODE POSTAL   BUREAU DISTRIBUTEUR

MODE D'EXPÉDITION À COCHER   ✈ URGENT ☐   ✈ GROUPAGE ☐   🚢 BATEAU ☐

Désignation	Référence	Taille	Quantité	Prix unitaire	Prix total
Exemple: T-shirt rose	1 4 3.5 2 8 2	4 0	1,	8 9,0 0	8 9,0 0
	.		,	,	,
	.		,	,	,
	.		,	,	,
	.		,	,	,
	.		,	,	,
	.		,	,	,
	.		,	,	,
	.		,	,	,
	.		,	,	,
	.		,	,	,
	.		,	,	,
	.		,	,	,

MODES DE PAIEMENT: (cochez les cases de votre choix)

☐ Avec ma Carte Bancaire   JE SIGNE
J'inscris son numéro ci-dessous

Je choisis:
☐ de régler la totalité de ma commande
☐ de régler 50% à la commande et le solde à la livraison en contre-remboursement majoré de la taxe en vigueur

Dans les 2 cas, je joins
☐ Chèque bancaire   ☐ Mandat-lettre ou mandat international
☐ Chèque postal   ☐ Avoir ou chèque 3 Suisses
ATTENTION: N'envoyez jamais de mandat-carte 1418, d'espèces ni de timbres.

MODE D'EXPÉDITION		
PAQUETS – 7 KG	DOM	TOM
🚢 Bateau	GRATUIT	GRATUIT
✈ Avion urgent	+10%	+20%
✈ Avion groupage	+5%	+10%
COLIS 7 à 20 kg ou selon normes postales Avion Groupage	+30%	+40%

Attention: mobilier, équipement lourd et encombrant: contactez obligatoirement votre relais.

MONTANT TOTAL DES ARTICLES	,
Détaxe 16% (Sauf DOM)	,
Taxe aérienne Le calcul s'effectue sur le montant TTC des articles (selon %)	,
Participation forfaitaire aux frais d'envoi	+ 1 9,9 0
TOTAL À PAYER	,

PRÈS DE CHEZ VOUS, VOTRE RELAIS:

GUADELOUPE
1 bis rue de Nozières
97110
POINTE-À-PITRE
Tél. 82.03.91

MARTINIQUE
66, rue
Ernest Deproge
97200 FORT-DE-FRANCE
Tél. 63.93.00

GUYANE
75, rue du
lieutenant Becker
97300 CAYENNE
Tél. 30.20.70

RÉUNION
• 73, rue Monseigneur
de Beaumont
97400 SAINT-DENIS
Tél. 21.67.39
• 202, rue M. et Ary Leblond
97410 SAINT-PIERRE
Tél. 25.91.78

ST-PIERRE-ET-MIQUELON
17 bis, rue M. Delattre
de Tassigny
B.P. 388
97500 ST-PIERRE-ET-M.
Tél. 41.46.85

N. CALÉDONIE
11, rue du Dr Lescour
Quartier Latin
B.P. 4288
NOUMÉA
Tél. 27.57.70

Ça y est! C'est à vous!

A. Organisez-vous! Vous êtes descendu(e) dans l'un des hôtels à la page 276 du livre, et quand vous êtes parti(e) vous avez oublié quelques vêtements dans votre chambre. Vous allez écrire une lettre à l'hôtel pour demander qu'on vous envoie (*send*) ces vêtements. D'abord, réfléchissez à (*think about*) la formule de votre lettre. Comment est-ce que vous pouvez donner les renseignements suivants?

If you have access to *système-D* software, you will find corresponding grammar, vocabulary, and phrases in the following categories: **calendar; clothing; colors; days of the week; describing objects; imperative; materials; months; prepositions of location; pronouns; requesting something; time expressions; traveling; women's clothing; writing a letter (formal).**

PARAGRAPHE 1: la durée de votre séjour à l'hôtel
la date de votre arrivée et la date de votre départ
les vêtements que vous avez oubliés et le numéro de la chambre où vous les avez laissés (**laisser** = *to leave behind*)

PARAGRAPHE 2: une description détaillée des vêtements: taille, couleur, tissu

B. Votre lettre. Écrivez votre lettre sur une autre feuille de papier. La dernière partie de la lettre a déjà été écrite pour vous, mais il y a quelques détails que vous devez remplir (*fill in*). Écrivez les deux premiers paragraphes en utilisant l'exercice **A. Organisez-vous!** pour vous guider.

Chers Messieurs / Chères Mesdames,

_____

_____

_____

_____

_____

_____

Si vous trouvez les vêtements décrits ci-dessus, je vous prie de les envoyer à l'adresse suivante:

_____

_____

_____

Vous pouvez mettre les tarifs postaux sur ma carte de crédit _____ numéro _____.

Je vous remercie d'avance de votre gentillesse et, en attendant votre réponse, je vous prie, Messieurs / Mesdames, d'accepter l'expression de mes sentiments les plus distingués.

_____

Chapitre 9
La vie ensemble

By the end of this chapter, you should be able to do the following in French:
- Talk about relationships
- Describe your daily routine
- Say what you did with or for others
- Say what you used to do

Pour commencer

A. Des définitions. En vous référant au vocabulaire présenté aux pages 314-315 du livre, écrivez les mots qui correspondent aux définitions suivantes.

1. Une personne qui n'est pas mariée est _____.

2. Une femme qui a perdu son mari est une _____.

3. Des questions posées aux gens pour connaître leurs opinions est un _____.

4. Un endroit où on danse et on rencontre des gens est un _____.

5. Le fait de tomber amoureux de façon soudaine s'appelle le _____.

6. Les travaux qu'on fait à la maison sont les _____.

B. Un couple heureux ou malheureux? Relisez le sondage aux pages 314–316 du livre et faites une liste des mots ou expressions que vous associez avec un couple heureux et une autre liste des mots ou expressions que vous associez avec un couple malheureux.

UN COUPLE HEUREUX	UN COUPLE MALHEUREUX

C. Les petites annonces. Lisez les petites annonces suivantes et répondez aux questions.

1.
> H mûr, 46 ans, se sentant très seul, cherche F, âge ouvert, aimant cuisine, sorties, dîners intimes, camping, vie à la maison, pour mariage/ménage durable. Répondez si vous êtes vraiment sérieuse.
>
> Contacter: BP 076523

2.
> Veuve, 44 ans, encore vivante et voulant retrouver joie de vivre, cherche H, 36 à 55 ans pour sorties, conversation intelligente, bals, dîners, peut-être plus? Je suis sincère et honnête, vous devez l'être aussi.
>
> Réponses sérieuses à: BP 067398

3.
> JF 27 ans, vive, sportive, idéaliste, indépendante, intellectuelle cherche JH 25 à 35 ans, stable, honnête, ouvert, pour relation durable. Peut-être plus?
>
> Contacter: BP 08654

4.
> JH 23 ans, timide, aimant arts, sports, cherche JF tendre, gaie, pour amitié, sorties (cinéma, musées), relation durable, vie ensemble, peut-être mariage?
>
> Contacter: BP 09456

Qu'est-ce que les abréviations suivantes veulent dire?

H _____   F _____

JH _____   JF _____

Imaginez quelles sortes de personnes répondraient (*would answer*) à chacune de ces annonces. Utilisez votre imagination pour écrire un petit auto-portrait pour chacune. La réponse à la première annonce a déjà été faite comme exemple.

ANNONCE 1: **Je m'appelle Marie. Je suis veuve et j'ai 45 ans. Je préfère une vie tranquille et j'aime beaucoup faire la cuisine. J'aime sortir et j'adore les activités de plein air, mais ça me plaît aussi de rester à la maison.**

ANNONCE 2: _____

_____

_____

ANNONCE 3: _____

_____

_____

ANNONCE 4: _____

_____

_____

D. Écrivons une petite annonce! Vous avez un(e) ami(e) qui se sent très seul(e). Sur une autre feuille de papier, écrivez une petite annonce pour lui/elle, en suivant les modèles donnés ci-dessus. Mentionnez au moins cinq ou six qualités importantes pour votre ami(e) (vous voulez lui trouver quelqu'un de bon, n'est-ce pas?).

Comment s'y prendre?

Using word families

A. Les verbes et les noms. Parcourez la lecture **Qu'est-ce qui se passe?** aux pages 318–319 du livre et trouvez un verbe de la même famille que les noms suivants. Si vous n'êtes pas certain(e) de la forme de l'infinitif d'un verbe conjugué, consultez un dictionnaire.

EXEMPLE   un habitant   →   **habiter**

1. un retour _____
2. l'admiration _____
3. un arrêt d'autobus _____
4. la ressemblance _____
5. une décision _____

6. un regard _____
7. un gardien _____
8. un passage _____
9. un rêve _____
10. une plante _____

B. Les verbes et les adjectifs. La plupart du temps (mais pas toujours!), on peut utiliser le participe passé d'un verbe comme adjectif. Écrivez une phrase où vous utilisez le participe passé des verbes suivants comme adjectif.

EXEMPLE   perdre   →   **Je cherche un objet perdu.**

1. marier _____
2. divorcer _____
3. connaître _____
4. passer _____
5. préférer _____

Qu'est-ce qui se passe?

Il n'est jamais trop tard!

Relisez l'histoire aux pages 318–319 du livre et écrivez une description de trois à quatre phrases pour chacun des personnages suivants.

André Dupont: _____

_____

_____

Rosalie Toulouse Richards: _____

_____

_____

Rose Richards: _____

_____

_____

Remarquez que ...

À Rouen. Lisez le texte suivant et choisissez les deux endroits que vous voudriez visiter le plus à Rouen. Donnez une raison pour chaque choix.

EXEMPLE   **Je voudrais visiter la cathédrale parce que j'aime les vieux bâtiments.**

1. _____

2. _____

LA VILLE HISTORIQUE DE ROUEN

Grâce en grande partie **à** ses nombreux musées et monuments divers, Rouen a l'appellation de *Ville Musée*. Rouen offre un ensemble unique de monuments civils et religieux **s'échelonnant** du Moyen-Âge à nos jours et **appartenant à** tous les styles.

Port maritime et fluvial actif, le 4e de France, grand centre industriel, c'est également une ville commerçante.

Ancienne capitale de la Normandie, préfecture de la Seine-Maritime et de la Haute-Normandie, Rouen forme une agglomération de 400 000 habitants.

CATHÉDRALE: on peut y suivre l'évolution de toutes les périodes du style gothique. La construction a commencé au XIIe siècle et a fini au XVIe siècle.

RUE DE L'HÔPITAL: Avec ses hôtels de la Renaissance et de l'époque classique, la rue de l'hôpital et la rue Ganterie permettent de rejoindre l'allée Eugène-Delacroix d'où l'on découvre le Palais de Justice. Le passage **voûté** donne accès à la **cour intérieure** de l'Ancien Parlement de Normandie: son somptueux décor en fait un des plus beaux édifices civils de l'art gothique flamboyant (XVIe s.).

MUSÉE DES BEAUX-ARTS: Un des plus riches musées de France: chefs-d'œuvre de Gérard, David, Géricault, Delacroix, Ingres; peintures des Écoles Italienne, Flamande, Hollandaise. Nombreuses peintures des Maîtres Français de toutes les époques et notamment du mouvement impressionniste.

MUSÉE DE LA CÉRAMIQUE: Collection de diverses **provenances** et très belles pièces en **faïence** de Rouen, admirablement présentées dans un hôtel particulier.

MUSÉE FLAUBERT ET D'HISTOIRE DE LA MÉDECINE: (Hôtel-Dieu). Chambre natale de Gustave Flaubert **dont** le père était **chirurgien-chef** de l'hôpital.

MUSÉE PIERRE-CORNEILLE: dans la maison du poète, rue de la Pie.

MUSÉE JEANNE-D'ARC: Crypte du XVe siècle. Galerie de **cire** retraçant la vie de Jeanne-d'Arc.

JARDIN DES PLANTES: Sur la **rive** gauche, le Jardin des Plantes constitue un ensemble de toute beauté de 10 hectares, **comportant** un jardin botanique et des **serres** tropicales.

---

grâce à *thanks to* **s'échelonner** *to be spaced out* **appartenir à** *to belong to* **voûté(e)** *vaulted, arched* **la cour intérieure** *courtyard* **la provenance** *source* **la faïence** *earthenware* **dont** *whose* **le chirurgien-chef** *chief surgeon* **la cire** *wax* **la rive** *bank (of a river)* **comportant** *including* **une serre** *greenhouse*

SUJET DE CONVERSATION 1   Describing your daily routine

A. D'habitude le matin... Expliquez ce que les personnes suivantes font dans chacune des images suivantes.

1.

2.

3.

4.

5.

6.

1. Marcel _____

2. Francine _____

3. Christine _____

4. Lin _____

5. Monique _____

6. Patricia _____

B. Et votre journée? Dites quand vous faites les choses suivantes en général.

EXEMPLE   se réveiller   →   **Je me réveille vers huit heures.**
                         OU   **Je me réveille quand ça me plaît.**

1. se lever _____

2. s'amuser _____

3. s'ennuyer _____

4. se reposer _____

5. se coucher _____

C. **Réfléchi ou non-réfléchi?** M. Fétou est professeur et il est très occupé parce qu'il a trois enfants et il est veuf. Voici une description de sa journée typique. Complétez chaque phrase avec la forme correcte du verbe réfléchi ou non-réfléchi, selon le contexte.

M. Fétou _____ (lever, se lever) vers six heures, il prend sa douche et il

_____ (habiller, s'habiller). Vers sept heures, il _____ (réveiller,

se réveiller) ses enfants et il _____ (habiller, s'habiller) le plus jeune, qui a trois

ans. Il ne _____ (occuper, s'occuper) pas des deux autres parce qu'ils sont assez

grands pour tout faire eux-mêmes. Chaque matin, tout le monde _____ (dépêcher,

se dépêcher) pour arriver à l'école à l'heure. À l'université, M. Fétou est le prof préféré de tous parce

qu'il n(e) _____ (ennuyer, s'ennuyer) jamais ses étudiants; on _____

(amuser, s'amuser) toujours dans son cours. De retour à la maison, M. Fétou voudrait

_____ (reposer, se reposer) un peu, mais il n'a pas le temps. D'abord, il doit

_____ (promener, se promener) le chien. Ensuite, il _____

(occuper, s'occuper) du dîner et vers huit heures il _____ (coucher, se coucher) les

enfants. Après ça, il commence à préparer ses cours pour le lendemain. Il ne _____

(coucher, se coucher) jamais avant minuit et il _____ (endormir, s'endormir) tout

de suite. M. Fétou est très occupé mais il ne _____ (ennuyer, s'ennuyer) jamais.

D. **Un enfant gâté.** Vous gardez (*are keeping*) un enfant gâté (*spoiled*). Quand vous lui dites de faire les choses suivantes, il dit qu'il ne veut pas les faire. Qu'est-ce que chacun dit?

EXEMPLE   se brosser les dents → VOUS: **Brosse-toi les dents!**
                                    L'ENFANT: **Je ne veux pas me brosser les dents!**

1. se laver les mains: VOUS: _____

    L'ENFANT: _____

2. se dépêcher: VOUS: _____

    L'ENFANT: _____

3. se calmer: VOUS: _____

    L'ENFANT: _____

SUJET DE CONVERSATION 2   Saying what you did with or for others

A. Un couple heureux. Dites si deux personnes qui s'aiment vraiment font les choses suivantes.

EXEMPLE   se respecter   →   **Oui, ils se respectent.**

1. se dire tout _____

2. se disputer souvent _____

3. s'entendre bien _____

4. se connaître très bien _____

B. Votre meilleur(e) ami(e) et vous. Dites si votre meilleur(e) ami(e) et vous faites les choses mentionnées dans l'exercice précédent.

EXEMPLE   **Oui, nous nous respectons.**

1. _____

2. _____

3. _____

4. _____

C. Une interview. Vous interviewez un couple célèbre sur leur vie ensemble. Quelles questions posez-vous pour obtenir (*to get*) les réponses données?

EXEMPLE   **Où est-ce que vous vous êtes rencontrés?**
          Nous nous sommes rencontrés à l'université.

1. _____

   Nous nous sommes mariés il y a cinq ans.

2. _____

   Nous nous disputons quand nous sommes très fatigués.

3. _____

   La plupart du temps, nous nous entendons très bien.

4. _____

   Oui, nous nous téléphonons quelquefois pendant que nous travaillons.

TOURNEZ
S.V.P.

5. _____

Non, nous ne nous embrassons jamais en public!

6. _____

Nous allons souvent au cinéma pour nous amuser.

D. La rencontre. Rosalie raconte comment André et elle se sont rencontrés après toutes ces années. Que dit-elle? Écrivez des phrases complètes au passé composé en utilisant le verbe logique de la liste suivante avec l'illustration appropriée: **ne pas se voir, s'embrasser, se promener en ville, se dire au revoir, se rencontrer par hasard, se reconnaître.**

EXEMPLE    1.    2.

3.    4.    5.

EXEMPLE   **André et moi, nous nous sommes rencontrés par hasard au café aujourd'hui.**

1. _____

2. _____

3. _____

4. _____

5. _____

E. Quelle surprise! Décrivez la dernière fois que vous avez vu un(e) bon(ne) ami(e) pour la première fois depuis longtemps. Écrivez six phrases ou plus sur une autre feuille de papier, en utilisant au moins quatre verbes réciproques.

> se voir   s'embrasser
> **se poser beaucoup de questions**
> ???   se rencontrer   se quitter
> se surprendre

SUJET DE CONVERSATION 3   Saying what you used to do

A. Quand j'étais petit(e). Utilisez l'**imparfait** pour écrire cinq phrases décrivant ce que vous faisiez quand vous aviez neuf ou dix ans.

autrefois **d'habitude** **fréquemment** *tous les jours* quelquefois tout le temps **à cette époque**	**aller être avoir** *s'intéresser à* jouer à / de se sentir **faire** **lire** travailler *ÉTUDIER* **???**

EXEMPLE   **À cette époque-là, je me levais tôt pour regarder les dessins animés.**

1. _____

2. _____

3. _____

4. _____

5. _____

B. Maintenant et autrefois. Voici quelques détails sur la vie actuelle d'André et Rosalie. Mettez les phrases suivantes à l'**imparfait** pour les décrire juste après la Seconde Guerre mondiale. (Vous voudrez peut-être vous référer à l'histoire aux pages 318–319 du livre pour vérifier certains détails. Pour d'autres détails, utilisez votre imagination.)

EXEMPLE   Maintenant, André a soixante-cinq ans et il est à la retraite.
          Juste après la guerre, André avait dix-huit ans et il travaillait.

1. Maintenant, Rosalie habite à Atlanta.

   _____

2. Maintenant, André est amoureux de Rosalie.

   _____

3. Maintenant, Rosalie sait qu'il l'aime.

   _____

4. Maintenant, Rosalie est veuve.

   _____

5. Maintenant, Rosalie va se marier avec André.

   _____

TOURNEZ
S.V.P.

6. Maintenant, Rosalie et André s'embrassent souvent.

_____

7. Maintenant, Rosalie veut passer le reste de sa vie à Rouen.

_____

C. Quand ils étaient jeunes. Utilisez **jouer à** ou **jouer de** pour expliquer à quel sport ou de quel instrument de musique les individus ou les groupes suivants jouaient pendant les années soixante. Si vous ne savez pas, devinez!

EXEMPLES   Miles Davis **jouait de la trompette.**
Mickey Mantle **jouait au base-ball.**

1. Liberace _____

2. Arnold Palmer _____

3. Les Cowboys _____

4. Jimmy Hendrix _____

D. Toujours la même chose! Pauvre M. Monotone fait toujours la même chose depuis des années. Voici ce qu'il a fait hier. C'est exactement ce qu'il faisait il y a dix ans! Sur une autre feuille de papier, récrivez la description de sa journée d'hier pour décrire ses occupations de tous les jours il y a dix ans, en mettant les verbes à **l'imparfait.**

M. Monotone s'est levé à 5h30. Il a pris un café, il a mangé un croissant et il a quitté la maison à 6h30. Il a pris le métro à 6h45. Quand il est arrivé au bureau à 7h30, il a dit bonjour à tous ses collègues, il est entré dans son bureau et il a commencé à travailler. Il est resté devant l'ordinateur toute la journée jusqu'à 16h55, quand il a quitté le bureau et il a pris le métro pour rentrer chez lui. De retour chez lui, il a préparé son dîner, il a mangé et il s'est couché exactement à 20h30.

EXEMPLE   **M. Monotone se levait tous les jours à 5h30...**

E. Une matinée typique. Sur une autre feuille de papier, écrivez une description d'une matinée typique dans votre famille quand vous alliez à l'école primaire. Mentionnez les choses suivantes dans votre paragraphe.
- qui se levait en premier chez vous
- ce que vous faisiez avant d'aller à l'école
- si vous preniez un bain ou une douche
- qui préparait le petit déjeuner
- qui partait en premier et à quelle heure
- quel moyen de transport vous preniez pour aller à l'école

C'est à lire!

Jacques Prévert, l'auteur du poème *Familiale* qui suit, a écrit beaucoup de poèmes et scénarios de cinéma avant et pendant l'occupation nazie de la France (1940–1945). Il a travaillé, avec Marcel Carné, sur le film *Les Enfants du paradis*, qui a été tourné uniquement la nuit pendant l'Occupation (en 1944). Ce film est considéré comme un des chefs-d'œuvre du cinéma français. Malgré son travail au cinéma, aujourd'hui Prévert est connu principalement pour l'élégance du langage et l'apparente simplicité de ses poèmes qui communiquent souvent un message social ou politique.

Thèmes importants. Avant de lire le poème *Familiale* en détail, parcourez-le et trouvez tous les noms qui se répètent trois fois ou plus.

_____

_____

FAMILIALE (extrait de *Paroles*, 1946)

La mère fait du **tricot**
Le fils fait la guerre
Elle trouve ça tout naturel, la mère
Et le père qu'est-ce qu'il fait le père?
Il fait des **affaires**
Sa femme fait du tricot
Le fils la guerre
Lui des affaires
Il trouve ça tout naturel le père
Et le fils et le fils
Qu'est-ce qu'il trouve le fils?
Il ne trouve absolument rien le fils
Le fils sa mère fait du tricot son père des affaires lui la guerre

Quand il **aura fini** la guerre
Il fera des affaires avec son père
La guerre continue la mère continue elle tricote
Le père continue il fait des affaires
Le fils est **tué** il ne continue plus
Le père et la mère vont au **cimetière**
Ils trouvent ça tout naturel le père et la mère
La vie continue la vie avec le tricot la guerre les affaires
Les affaires la guerre le tricot la guerre
Les affaires les affaires les affaires
La vie avec le cimetière.

---

le tricot *knitting* **les affaires** *business* **aura fini** *will have finished* **tué(e)** *killed* **le cimetière** *cemetary*

Avez-vous compris? Lisez le poème *Familiale* et répondez aux questions suivantes par une phrase complète. Vous pouvez répondre en français ou en anglais.

1. À votre avis, à quelle époque le poème se situe-t-il? Pourquoi? (Donnez une raison du texte.)

_____

2. Le père et la mère continuent avec leurs vies. Pourquoi Prévert insiste-t-il sur le verbe «continuer»? Comment fait-il ainsi un contraste avec la vie du fils?

_____

3. À votre avis, pourquoi Prévert utilise-t-il autant de répétitions des mots dans la deuxième partie du poème? Quel est l'effet de cette répétition?

_____

Ça y est! C'est à vous!

Vous allez choisir une décennie (les années 40, 50, 60 ou 70) et vous allez comparer la vie d'un(e) étudiant(e) universitaire maintenant à la vie d'un(e) étudiant(e) de cette époque-là. Avant de commencer votre rédaction, faites l'exercice suivant pour vous organiser.

 If you have access to *système-D* software, you will find corresponding grammar, vocabulary, and phrases in the following categories: comparing and contrasting; describing people; leisure; means of transportation; musical instruments; past imperfect; people; personality; reflexive pronouns **me, te, se, nous, vous;** sports; studies, courses; time expressions; time of day; university.

A. Organisez-vous! Répondez aux questions suivantes.

1. Quels sont cinq adjectifs qui décrivent la vie d'un(e) étudiant(e) maintenant?

   _____

   _____

2. Quels sont cinq intérêts de l'étudiant(e) typique?

   _____

   _____

3. Quelles choses fait l'étudiant(e) typique pendant la semaine?

   _____

   _____

   _____

   _____

4. Quelles activités sont populaires pendant le week-end?

   _____

   _____

   _____

   _____

Maintenant, écrivez un **plus** (+) à côté de chaque adjectif ou verbe dans les listes précédentes si vous croyez que ce mot caractérise mieux les étudiants du passé que les étudiants d'aujourd'hui, écrivez **moins** (-) si vous croyez que ces mots les caractérisent moins bien et écrivez **égal** (=) si, à votre avis, il n'y a pas tellement de différences.

B. Rédaction. Écrivez une rédaction comparant la vie des étudiants d'aujourd'hui et la vie des étudiants pendant les années 40, 50, 60 ou 70. Utilisez une autre feuille de papier.

EXEMPLE   **Les étudiants d'aujourd'hui écoutent souvent de la musique rap, mais les étudiants des années soixante préféraient le rock. Ils s'intéressaient plus à...**

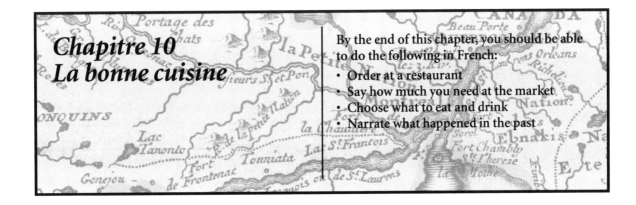

Chapitre 10
La bonne cuisine

By the end of this chapter, you should be able to do the following in French:
- Order at a restaurant
- Say how much you need at the market
- Choose what to eat and drink
- Narrate what happened in the past

Pour commencer

A. Le petit déjeuner. Écrivez le nom des aliments (*foods*) et boissons qu'on prend au petit déjeuner ici et en France. Après, comparez-les en répondant aux questions qui suivent.

UN PETIT DÉJEUNER AMÉRICAIN / CANADIEN

UN PETIT DÉJEUNER FRANÇAIS

1. Quels aliments et quelles boissons est-ce que nous avons en commun avec les Français?

_____

2. Quelles différences observez-vous?

_____

B. Des repas logiques. Nommez au moins trois choses qu'on peut prendre pour le repas nommé dans les endroits indiqués.

1. un déjeuner dans un fast-food, style américain

_____

2. un dîner dans un restaurant élégant

_____

C. Mes achats d'hier. Hier, vous avez fait des courses à Rouen. Expliquez où vous êtes allé(e) et dites deux choses que vous avez achetées dans chacun des magasins indiqués. Utilisez le passé composé et l'article approprié pour chaque achat.

EXEMPLE   à la boulangerie-pâtisserie   →   **Je suis allé(e) à la boulangerie-pâtisserie pour acheter du pain et une tarte aux pommes.**

1. à l'épicerie _____

_____

2. à la charcuterie _____

_____

3. à la boucherie _____

_____

4. à la poissonnerie _____

_____

D. Au restaurant. Vous commandez au restaurant. Répondez aux questions du serveur en utilisant le vocabulaire à la page 355 du livre et la conversation à la page 357.

LE SERVEUR: Aimeriez-vous un apéritif avant de commander?

VOUS: _____

LE SERVEUR: Pour dîner, vous avez décidé?

VOUS: _____

LE SERVEUR: Qu'est-ce que vous allez prendre comme entrée?

VOUS: _____

LE SERVEUR: Et comme plat principal?

VOUS: _____

LE SERVEUR: Et que désirez-vous boire?

VOUS: _____

Comment s'y prendre?

Asking for clarification

Souvent au restaurant, il faut demander au serveur d'expliquer les plats. Voici quelques expressions utiles:

Qu'est-ce que c'est que *la terrine de lapin*?
C'est une sorte *de tarte*?
C'est comme *un flan*?

Est-ce que cela est servi *avec une sauce*?
Que veut dire *service compris*?

Explications. Regardez le menu du restaurant La Marine ci-dessous (*below*). Il y a probablement des plats que vous ne connaissez pas. Quelles questions allez-vous poser? Basez-vous sur les explications du serveur.

EXEMPLE   VOUS: **Qu'est-ce que c'est que le faux-filet frites, s'il vous plaît?**
LE SERVEUR: C'est un steak avec des pommes frites.

1. VOUS: _____
   _____?

   LE SERVEUR: C'est une assiette de légumes crus (*raw*).

2. VOUS: _____
   _____?

   LE SERVEUR: Oui, on sert les crudités avec une vinaigrette.

3. VOUS: _____
   _____?

   LE SERVEUR: Non, non, les moules marinières, ce n'est pas une sorte de pâté. C'est un fruit de mer.

4. VOUS: _____
   _____?

   LE SERVEUR: Oui, c'est comme un flan, mais au caramel.

5. VOUS: _____
   _____?

   LE SERVEUR: Cela veut dire que vous devez payer séparément vos boissons.

Restaurant La Marine
vous propose son...
Menu à 89 F — prix net — service compris

Moules marinières
Soupe de poissons
Crêpe jambon fromage
Assiette de crudités
6 Huîtres fines ou spéciales

Filet de poisson sauce marine
Poulet rôti frites
Faux-filet frites

Salade ou Fromages

Crème caramel
Mousse au chocolat
Glace
Coupe glacée au choix (suppl. 17 F)
Crêpe confiture, chocolat ou crème de marron

Boissons en sus

Qu'est-ce qui se passe?

Au restaurant La Marine

Vous commandez au restaurant La Marine, mais il y a des plats sur le menu que vous ne connaissez pas. En vous servant de la conversation à la page 357 du livre comme exemple, écrivez une conversation logique avec le serveur (les deux rôles) où vous commandez l'entrée, le plat principal et une boisson. Dans la conversation, demandez au serveur de vous expliquer deux plats que vous ne comprenez pas.

_____

_____

_____

_____

_____

_____

_____

_____

Remarquez que...

Presque chaque région de France est connue pour un certain produit agricole, et la Normandie n'est pas une exception. Pour un Français, la Normandie signifie souvent deux choses: les pommes et le fromage. En fait, la pomme est à la base de la cuisine normande, que ce soit une simple tarte aux pommes, du cidre bouché (*sparkling hard cider*), ou le célèbre alcool fort, le Calvados. Lisez ce texte sur l'importance de la pomme et du cidre dans la culture normande et répondez aux questions qui suivent.

LES MILLE VISAGES DE LA POMME ET DU CIDRE

Le cidre brut, demi-**sec**, **doux**, servi frais mais non **glacé**, accompagne judicieusement tout un repas: **terrine de lapin**, escalope de **veau**, fruits de mer, crêpes normandes, pommes **au four**. Au fameux *Trou Normand* et *Café Arrosé,* où le cidre est servi de préférence avec un jeu de dominos, s'ajoutent maintenant les pommeaux, cocktails et sorbets à base de cidre. La *Foutinette*, le *Flip*, se boivent devant la cheminée où **brûle** le **bois** de **pommier** qui donne une flamme claire et chaude. **Quelle que soit** la façon de consommer, nul ne peut nier l'importance de la pomme et du cidre dans la vie quotidienne normande. Et chaque année, au moment de **la récolte**, il y a de nombreuses fêtes et manifestations en l'honneur de ce produit intégral à la culture normande.

---

sec (sèche) *dry* **doux** (douce) *sweet* **glacé(e)** *iced* **terrine de lapin** *rabbit pâté* **le veau** *veal* **au four** *baked* (**le four** = *oven*) **brûler** *to burn* **le bois** *wood* **le pommier** *apple tree* **quel(le) que soit** *whatever might be* **la récolte** *harvest*

Si vous faites un dîner normand, qu'est-ce que vous pouvez servir...

comme entrée? _____   comme dessert? _____

comme plat principal? _____   pour boire? _____

NOM _____   COURS _____

SUJET DE CONVERSATION 1 Saying how much you need

A. Que faut-il? Écrivez au moins deux ingrédients qu'il faut pour préparer chacun des plats (*dishes*) suivants.

EXEMPLE un sandwich au pâté → **Il faut du pain et du pâté.**

1. une omelette au jambon _____

2. une salade de fruits _____

3. une salade verte _____

4. une soupe à l'oignon _____

5. une soupe aux légumes _____

B. Les quantités. Vous faites les courses. Complétez les phrases suivantes avec un nom logique pour chaque quantité.

EXEMPLE Je voudrais une bouteille **d'eau minérale**, s'il vous plaît.

1. Il me faut une douzaine _____, s'il vous plaît.

2. Donnez-moi cinq tranches _____, s'il vous plaît.

3. J'ai besoin d'un kilo _____, s'il vous plaît.

4. Je voudrais aussi cent grammes _____, s'il vous plaît.

5. Et donnez-moi un morceau _____ aussi, s'il vous plaît.

C. Préférences. D'abord dites si vous aimez les aliments illustrés. Ensuite dites combien vous en mangez.

EXEMPLE → **Je n'aime pas beaucoup la viande. J'en mange très peu.**

1.  _____

2. _____

3.  _____

4.  _____

TOURNEZ
S.V.P.

5. _____

6. _____

7. _____

8. _____

D. Quantités. Répondez aux questions suivantes en utilisant le pronom **en.**

    EXAMPLE   Prenez-vous beaucoup de sucre dans votre café?
                     Je n'en prends pas (beaucoup) dans mon café.

1. Prenez-vous quelquefois du vin avec le dîner?

_____

2. Mangez-vous souvent des hamburgers?

_____

3. Sert-on de la bière sur votre campus?

_____

4. Savez-vous où on peut acheter du pain français ici?

_____

5. Avez-vous mangé du fromage Neufchâtel de Normandie?

_____

E. Les courses. Écrivez un paragraphe expliquant ce que vous avez acheté la dernière fois que vous avez fait les courses au supermarché. Dites aussi combien vous avez acheté de chaque chose.

    EXAMPLE   **J'ai acheté une livre de bananes, deux boîtes de...**

_____

_____

_____

_____

NOM _____   COURS _____

A. Maigrir ou grossir? Dites si on fait les choses indiquées en mangeant souvent les aliments ou en buvant souvent les boissons dans les illustrations suivantes.

EXEMPLE

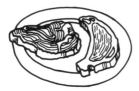

1.

2.

3.

4.

5. 1ℓ

EXEMPLE   perdre du poids   →   **On ne perd pas de poids si on mange souvent du bifteck.**

1. maigrir _____

2. grossir _____

3. devenir plus fort _____

4. rester en bonne santé _____

5. avoir plus d'énergie _____

B. Les verbes en -ir. Complétez de façon logique les questions suivantes avec la forme correcte d'un verbe dans la liste. Ensuite, répondez à chaque question par une phrase complète.

choisir   finir   rougir   réussir

1. Quand vous allez dîner au restaurant avec votre meilleur(e) ami(e), qui _____ le restaurant généralement?

_____

2. Généralement _____ -vous le repas avec un dessert?

_____

3. Si vous louez une cassette vidéo, quel genre de film _____ -vous le plus souvent?

_____

4. _____ -vous quelquefois pendant les scènes d'amour?

_____

5. _____ -vous à comprendre certaines phrases quand vous regardez un film français en version originale?

_____

C. Autrefois et maintenant. Dites si vous faisiez plus les choses suivantes quand vous étiez à l'école secondaire ou si vous les faites plus maintenant. Utilisez le pronom **y** dans vos réponses.

EXEMPLE   pensez à votre santé   **J'y pense plus maintenant.**
                                    OU   **J'y pensais plus quand j'étais à l'école secondaire.**
                                    OU   **J'y pensais autant à l'école secondaire que maintenant.**

1. réussir aux examens _____

2. réfléchir à votre avenir (*future*) _____

3. aller au supermarché _____

4. manger dans les fast-foods _____

D. Combien. Utilisez **plus de, moins de** et **autant de** pour dire si vous faisiez plus les choses suivantes quand vous étiez à l'école secondaire que maintenant.

EXEMPLE   faire de l'exercice
                   Je faisais plus (moins, autant) d'exercice au lycée que maintenant.

1. boire de l'eau minérale _____

2. manger de la viande _____

3. poser des questions en classe _____

4. prendre des vitamines _____

E. Au régime! Votre ami(e) voudrait améliorer sa santé. Sur une autre feuille de papier, écrivez huit conseils.

EXEMPLE   **Il faut manger beaucoup de fruits et de légumes.**
                   OU   **Mange beaucoup de fruits et de légumes.**

SUJET DE CONVERSATION 3   Narrating what happened

A. L'année dernière. En utilisant les expressions adverbiales données, écrivez une description de certaines activités que vous avez faites ou que vous faisiez l'année dernière. Utilisez le passé composé ou l'imparfait selon le cas.

EXEMPLE   Tous les matins, **je me levais à sept heures et demie.**
Une fois, **je suis allé(e) voir un concert de Billy Joel.**

1. Tous les jours, _____

2. Un jour, _____

3. Une fois, _____

4. Chaque semaine, _____

B. Un dîner de fiançailles. Mettez l'histoire suivante au passé en mettant les verbes entre parenthèses au passé composé ou à l'imparfait.

Rose _____ (décider) de faire un dîner pour Rosalie et André. Elle

_____ (aller) au marché où elle _____

(acheter) tous les ingrédients pour préparer du poulet au cidre doux, une spécialité de la région. Rose

_____ (penser) aussi trouver une bonne bouteille de champagne parce

qu'elle _____ (vouloir) célébrer les fiançailles de sa grand-mère et de son

futur grand-père. Elle _____ (demander) dans plusieurs magasins, mais

personne (*nobody*) n'_____ (avoir) de champagne. Comme

c'_____ (être) curieux! Quand elle _____

(rentrer) à la maison, elle _____ (commencer) à tout préparer dans la

cuisine. Elle _____ (travailler) tranquillement quand soudain Rosalie

_____ (entrer).

— Bonjour mamie, dit Rose, je prépare un bon dîner pour André et toi! C'est pour célébrer vos fiançailles.

— Merci Rose, c'est très gentil! Mais tu sais, il manque (*there's missing*) une chose obligatoire pour une fête de fiançailles normande...

— Oui, je sais, mais je _____ (ne pas pouvoir) trouver de champagne en ville....

— Mais non! Ici en Normandie on préfère le cidre bouché, c'est une vieille tradition. Mais ne t'inquiète pas... Je viens de faire des courses et quelque chose m(e) _____ (dire) d'acheter du cidre, alors nous en avons pour ce soir!

— Merci mamie! Tu m(e) _____ (sauver)! Le dîner va être parfait maintenant!

C. La cigale et la fourmi. L'histoire suivante est une adaptation (très libre) d'une fable de La Fontaine. Lisez-la une fois pour comprendre et ensuite récrivez-la sur une autre feuille de papier en mettant les verbes au passé composé ou à l'imparfait.

Une cigale (*cicada*) et une fourmi (*ant*) qui habitent dans la forêt sont voisines. La cigale ne s'occupe pas des nécessités de la vie. Elle s'intéresse uniquement à danser et à chanter tout l'été. La fourmi, par contre, travaille sans cesse et elle cherche constamment de la nourriture. Elle ne mange pas beaucoup, mais elle amasse beaucoup de provisions pour l'hiver.

Un jour la cigale se réveille tôt parce qu'il fait froid dans sa maison. Au lieu d'eau dans son lavabo, il y a de la glace (*ice*)! Alors, elle ne se lave pas et elle ne se brosse pas les dents. Elle s'habille et elle va dans la cuisine pour prendre son petit déjeuner. Mais, quand elle regarde dans son frigo, elle ne trouve rien. Alors, elle part et elle va en vitesse chez sa voisine, la fourmi, pour lui demander quelque chose à manger parce qu'elle a faim. D'abord, la fourmi répond avec sévérité: «L'été, pendant que je travaille, tu joues! Quand je soupire (*sigh*) de fatigue, tu chantes! Quand je pleure (*cry*) de désespoir, tu t'amuses!» La cigale a très honte (*shame*), parce que la fourmi dit la vérité (*truth*). Enfin la fourmi prend un ton plus sympathique et elle dit que la musique de la cigale en été rend (*makes*) son travail un peu plus facile. Alors, elle invite la cigale à entrer et à manger!

D. Adverbes. Donnez l'adverbe correspondant pour chaque adjectif et dites une chose que vous faites de cette façon.

EXEMPLE lent → **lentement: Je mange lentement.**

1. sérieux _____

2. fréquent _____

3. constant _____

4. actif _____

E. Le week-end dernier. Sur une autre feuille de papier, décrivez votre matinée aujourd'hui. Utilisez le passé composé pour décrire ce que vous avez fait. Utilisez l'imparfait pour décrire la scène autour de vous (*around you*) quand vous avez fait chaque chose. Écrivez au moins huit phrases.

EXEMPLE **Quand je me suis réveillé(e) ce matin, tous les autres dormaient encore chez moi. J'ai pris une douche et l'eau était très froide...**

C'est à lire!

Vous allez lire le commencement d'une brochure sur la nourriture publiée par Monoprix, une chaîne de supermarchés en France. Avant de commencer, faites l'exercice suivant.

A. Conseils. Dans l'article, on trouve les conseils suivants. En anglais, écrivez une phrase pour expliquer ce qu'on pourrait dire (*might be saying*) dans ces sections.

1. Buvez «sans soif.»

   _____

   _____

2. Mangez 3 fois par jour.

   _____

   _____

3. N'«oubliez» pas le repas le plus important de la journée.

   _____

   _____

4. Variez.

   _____

   _____

B. Avez-vous compris? Lisez la brochure de Monoprix et répondez aux questions suivantes.

1. Combien d'eau doit-on boire tous les jours?

   _____

2. Est-ce qu'on maigrit plus facilement si on saute (*skip*) un repas?

   _____

3. Quelles trois choses doit-on toujours prendre au petit déjeuner?

   _____

UNE ALIMENTATION ÉQUILIBRÉE POUR MIEUX VIVRE

Buvez «sans soif»

Notre corps est constitué d'eau à 70 %, elle intervient au cours de toutes les fonctions vitales. Il faut compenser les pertes quotidiennes en buvant au moins 1,5 litre d'eau. Lorsque la soif apparaît, le corps est déjà en état de déshydratation, il faut donc boire… avant d'avoir soif. De même, au lever, il faut réhydrater l'organisme, c'est le rôle du bol de boisson du petit déjeuner.

Mangez 3 fois par jour

Le corps humain supporte mal le jeûne. Une ration alimentaire équilibrée doit être fractionnée en 3 prises au moins (4 pour les enfants… et tous ceux qui le désirent), réparties sur la journée. Et surtout, sachez que «sauter» des repas n'a jamais fait maigrir personne, bien au contraire.

N'«oubliez» pas le repas le plus important de la journée

Ne pas prendre de petit déjeuner est le meilleur moyen de déséquilibrer son alimentation: le corps jeûne pendant plus de 16 heures (du dîner de la veille au déjeuner), et ne peut donc fournir les efforts multiples pour lesquels il est sollicité durant la matinée. Grignotages, déjeuners irrationnels et dîners trop copieux s'ensuivent le plus souvent…
Le minimum pour un petit déjeuner équilibré, c'est:
• une boisson
• du pain ou des céréales
• un produit laitier

Variez

Mangez de tout en quantité raisonnable, n'abusez de rien mais… ne vous privez de rien!

À propos de poids

Chaque individu a son poids de forme, c'est-à-dire celui auquel il se sent le mieux. La notion de poids «idéal» mise en avant pendant des années est largement remise en cause parce que trop théorique et inapplicable à des cas individuels. Si vous êtes de ceux (celles), nombreux à être préoccupés par des problèmes de poids (réels… ou non), sachez que régimes farfelus déséquilibrés, rations trop pauvres en éléments vitaux, kilos trop vite perdus, très vite repris ne sont que poudre aux yeux et peuvent, à la longue, altérer la santé. En revanche, une alimentation équilibrée, adaptée à vos besoins est votre meilleure alliée.
• Tout régime «amaigrissant» excluant à priori un ou plusieurs groupes d'aliments est déséquilibré.
• Aucun médicament ne peut faire perdre de la graisse de façon durable et sans danger.

Sophie ZAKOWETZ
Diététicienne

Ça y est! C'est à vous!

A. Organisez-vous! Vous allez décrire une journée très importante de votre passé. D'abord, faites l'exercice suivant pour vous organiser.

If you have access to *système-D* software, you will find corresponding grammar, vocabulary, and phrases in the following categories: **adverbs of time; compound past tense; family members; linking ideas; past imperfect; pronoun en; quantity; sequencing events; writing a news item.**

1. Utilisez l'imparfait pour écrire quelques phrases décrivant la journée.

   EXEMPLE **C'était le 22 décembre. Il faisait froid...**

   _____

   _____

   _____

   _____

   _____

2. Utilisez l'imparfait pour écrire quelques phrases décrivant les circonstances.

   EXEMPLE **J'étais avec ma famille. Tout le monde était heureux. On se préparait pour Noël...**

   _____

   _____

   _____

   _____

   _____

3. Utilisez le passé composé pour faire une liste des choses que les autres et vous avez faites ce jour-là.

   EXEMPLE **Ma sœur est allée à l'hôpital. Ma première nièce est née. Toute la famille s'est retrouvée à l'hôpital...**

   _____

   _____

   _____

   _____

   _____

B. Une rédaction. En utilisant les phrases que vous avez écrites dans l'exercice ***A. Organisez-vous!,*** et en ajoutant d'autres détails, décrivez votre journée importante sur une autre feuille de papier.

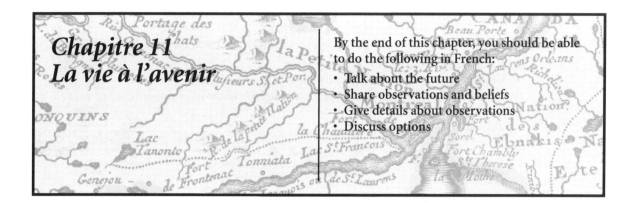

Chapitre 11
La vie à l'avenir

By the end of this chapter, you should be able to do the following in French:

- Talk about the future
- Share observations and beliefs
- Give details about observations
- Discuss options

Pour commencer

A. **Secours populaire français**. Voici deux publicités préparées par Secours populaire français. Indiquez tous les problèmes sociaux que vous associez avec chacun.

IL Y A DES CHOCS ÉCONOMIQUES QUI SECOUENT AUTANT QU'UN TREMBLEMENT DE TERRE.

En cas de grande catastrophe naturelle, le monde entier se mobilise pour sauver des vies. C'est la moindre des choses. Ce réflexe de solidarité, il faut aussi l'avoir quand un choc économique met une région en difficulté. Parce que les conséquences d'une telle situation sont toujours dramatiques: des usines qui ferment, le chômage qui s'étend, des conditions de vie qui se dégradent peu à peu, des familles sans abri, sans ressources… Alors, que faut-il faire? C'est simple: agir et vite. Nous devons trouver un logement pour ceux qui n'en ont plus, et les aider à le payer. Nous devons aider ceux qui ont encore leur logement à le garder, en leur allouant une aide financière, en les aidant à mieux connaître leurs droits, par exemple en cas de menace de saisie ou d'expulsion. Ce sont, parmi d'autres, quelques-unes de nos actions, des actions que nous mènerons bientôt ensemble, pour être plus efficaces. Cela demande beaucoup d'énergie, de temps et d'argent. Mais on ne peut pas ne pas le faire, n'est-ce pas?

AGIR POUR RÉAGIR. SECOURS POPULAIRE FRANÇAIS (1) 42 78 71 71

QUAND ON PERD SA DIGNITÉ ON PERD PRESQUE TOUT.

On dit souvent que les images peuvent se passer de commentaires. Pas celle-ci. Quand on regarde cet homme, on éprouve le besoin d'agir pour qu'il redresse la tête. Comme nous, vous avez certainement le sentiment qu'il faut faire quelque chose. Faisons-le ensemble et vite. Aidons cet homme à retrouver sa dignité, à reprendre sa place dans notre société. Le moins que l'on puisse faire, c'est de lui donner à manger sans qu'il ait besoin de tendre la main (en 1992 il y aura plus de 40 millions de repas à distribuer: nous avons besoin de vous). Aidons-le aussi à trouver un travail. Un homme ne peut vivre de charité sans se sentir humilié, exclu. Et puis, pourquoi ne pas lui faciliter l'accès à la culture, aux loisirs, à tout ce qui peut rendre la vie un peu moins grise? Des hommes sans visage, comme celui-ci, il y en a des milliers. Et pour les aider, il faut plus de bonnes volontés que de bons sentiments.

AGIR POUR RÉAGIR. SECOURS POPULAIRE FRANÇAIS (1) 42 78 71 71

1. _____

_____

_____

2. _____

_____

_____

B. C'est assez? Dites si vous pensez que notre gouvernement fait les choses suivantes **assez, trop** ou **pas (assez)**.

EXEMPLE créer des lois sévères contre la criminalité
Notre gouvernement crée assez de lois contre la criminalité.
OU **Notre gouvernement ne crée pas assez de lois contre la criminalité.**

1. dépenser de l'argent pour l'éducation _____

_____

2. gaspiller notre argent _____

_____

3. protéger l'environnement _____

_____

4. aider les pauvres _____

_____

5. créer des programmes sociaux _____

_____

C. Explications. Dites pourquoi vous pensez qu'on voit de plus en plus (*more and more*) les problèmes suivants.

EXEMPLE la dépression
On voit de plus en plus de dépression parce qu'il y a beaucoup de stress dans la vie moderne.

l'économie	mauvais(e)	**la drogue**	*répandu(e)*	???	le stress
le chômage	le loyer	cher(-ère)	???	**l'alcoolisme**	
la pollution		**la vie moderne**			la violence

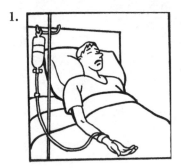  

1. la maladie _____

_____

2. les sans domicile fixe _____

_____

3. la criminalité _____

Comment s'y prendre?

Recognizing the future and the conditional

The future and the conditional of most verbs can easily be recognized when reading because the stem looks like the infinitive with the endings shown below. Verbs ending in silent **-e** drop it before adding these endings. A few verbs have irregular future/conditional stems. The most common ones are listed below.

LE FUTUR		
je		ai
tu	parler-	as
il/elle/on	finir-	a
nous	dormir-	ons
vous	vendr-	ez
ils/elles		ont

je parlerai = *I will speak*
tu dormiras = *you will sleep*
il vendra = *he will sell*
nous finirons = *we will finish*
vous aurez = *you will have*
ils seront = *they will be*

LE CONDITIONNEL		
je		ais
tu	parler-	ais
il/elle/on	finir-	ait
nous	dormir-	ions
vous	vendr-	iez
ils/elles		aient

je parlerais = *I would speak*
tu dormirais = *you would sleep*
il vendrait = *he would sell*
nous finirions = *we would finish*
vous auriez = *you would have*
ils seraient = *they would be*

COMMON IRREGULAR STEMS
être -> **ser-**   avoir -> **aur-**   faire -> **fer-**   aller -> **ir-**   pouvoir -> **pourr-**

Votre horoscope. Lisez l'horoscope suivant et encerclez (*circle*) tous les verbes au futur ou au conditionnel. Aurez-vous de la chance en amour cette semaine?

BÉLIER
DU 21 MARS AU 20 AVRIL
Mars

Nés en mars, comment **vous tirer** à votre honneur d'une situation fausse? En exploitant les **astuces** dont vous avez fait une ample **récolte** dès que vous avez été en âge d'aimer. Nés en avril, votre gaieté mettra les **ombres en fuite.**

LION
DU 23 JUIL. AU 23 AOÛT
Soleil

Votre ciel sera peuplé de planètes amies, mais leurs influx bénéfiques ne s'adresseront pas spécialement à vos amours. Les liaisons qui donnent la priorité aux échanges intellectuels seront, **en revanche,** favorisées.

SAGITTAIRE
DU 23 NOV. AU 21 DÉC.
Jupiter

Vous ne vous sentirez pas **de taille à** vous battre tout seuls pour vos amours. Les célibataires ne prendront aucune initiative pour sortir de leur état. Les autres s'en remmettront à la providence pour consolider leurs **liens** affectifs.

TAUREAU
DU 21 AVRIL AU 21 MAI
Vénus

Si **maladroits** pour faire comprendre à l'être qui vous captive l'importance qu'il vient d'**acquérir** à vos yeux... Vous **échapperez** à cette gaucherie si vous êtes nés après le dix mai, mais votre sensibilité ne sera pas au rendez-vous.

VIERGE
DU 24 AOÛT AU 23 SEPT.
Mercure

Aucune planète ne vous sera hostile cette semaine, qu'il **s'agisse de** votre vie privée ou de votre vie professionnelle. Vous ne compterez que des amis autour de vous, sans doute parce que vous les aurez mérités.

CAPRICORNE
DU 22 DÉC. AU 20 JANV.
Saturne

Un gros effort serait nécessaire pour améliorer la situation présente, dans le domaine sentimental ou pour créer une relation nouvelle. Mars et Vénus ne faciliteront pas vos amours si vous êtes nés avant le 11 janvier.

GÉMEAUX
DU 22 MAI AU 21 JUIN
Mercure

Vénus vous ignore et vous lui rendez superbement **la pareille.** Les relations affectives **n'**auront **guère** d'intérêt, vous les **réduirez** au strict minimum. Bref, vous mettrez en général tous vos sentiments **en congé.**

BALANCE
DU 24 SEPT. AU 23 OCT.
Vénus

Pas toujours d'humeur ces temps-ci, **quoique** vous n'en laissez rien **transparaître**, personne ne se risquera à vous **asticoter.** Nés après le 13, vous **vous radoucirez** mais personne ne **s'en apercevra.** Repos!

VERSEAU
DU 21 JANV. AU 18 FÉV.
Uranus et Saturne

Vous ne **manquerez** pas d'enthousiasme et vous ferez volontiers l'inventaire de vos chances à venir si vous êtes célibataires, mais vous ne prendrez aucune initiative. Nés en février, vous n'aurez envie que de tranquillité.

CANCER
DU 22 JUIN AU 22 JUIL.
Lune

La présence de Vénus apportera dans votre vie privée un climat plus tendre, plus **propice** à votre **épanouissement.** Natifs de juin, ne compromettez pas vos chances de bonheur en vous montrant agressifs.

SCORPION
DU 24 OCT. AU 22 NOV.
Mars et Pluton

Muets et narcissiques si vous êtes nés en octobre, vous bénificierez dans vos amours, si vous êtes nés en novembre, d'un influx vénusien qui **soufflera** sur les **cendres** de vos amours passées et en **ranimera les tisons.**

POISSONS
DU 19 FÉV. AU 20 MARS
Neptune et Jupiter

Semaine idéale pour des vacances en amoureux, surtout si vous êtes nés avant le 11 mars. Vénus sera votre complice, elle vous rendra **séduisants** et tendres. Nés entre le 11 et le 20, c'est votre intelligence et votre esprit qui charmeront votre partenaire.

se tirer de *to get out of* **l'astuce** (*f*) *shrewdness* **une récolte** *harvest* **une ombre** *shadow* **en fuite** *in flight* **maladroit(e)** *clumsy* **acquérir** *to acquire* **échapper** *to escape* **une gaucherie** *awkwardness* **la pareille** *the same* **ne... guère** *hardly* **réduire** *to reduce* **en congé** *on leave* **propice** *favorable* **un épanouissement** *blossoming* **en revanche** *on the other hand* **s'agir de** *to be a question of* **quoique** *although* **transparaître** *to show through* **asticoter** *to bug* **se radoucir** *to soften* **s'apercevoir de** *to notice* **souffler** *to blow* **une cendre** *ash* **ranimer les tisons** *to rekindle the fire* **de taille à** *up to* **les liens** (*m*) *ties* **manquer** *to lack* **séduisant(e)** *seductive*

Qu'est-ce qui se passe?

Une lettre du Zaïre

Relisez la lettre de Daniel aux pages 396–397. Imaginez qu'il envoie une carte postale à un ami français dans laquelle il parle de ses impressions du Zaïre. Est-ce qu'il dirait la même chose à son ami qu'il dit à sa sœur? De quelles choses ne lui parlerait-il pas? Imaginez ce qu'il dit et écrivez sa carte postale.

Kinshasa, Zaïre

Remarquez que...

La démocratie. Voici quelques citations d'hommes politiques africains au sujet de la démocratie. Écrivez deux phrases qui décrivent la démocratie pour vous.

«Il serait illusoire de croire qu'on a rétabli la démocratie parce qu'on a rétabli la liberté de la presse et les droits de l'homme.» (*Abdo Diouf, président sénégalais*)

«Nous devons tous **garder à l'esprit** que la démocratie n'est jamais gagnée une fois pour toutes.» (*Joseph Kokou Koffigoh, premier ministre togolais*)

«Si vous voulez sauver un grand malade, il ne faut pas hésiter à changer son **sang**. Même si dans une démocratie **balbutiante**, cela représente des risques.» (*Alpha Ouman Konaré, président malien*)

«Nous sommes en démocratie et les débats doivent être à ciel ouvert.» (*Pascal Lissouba, président congolais*)

«Si la démocratie constitue le paramètre du **niveau** des peuples, ceux-ci, par leur participation, sont appelés à prouver qu'ils méritent cette démocratie.» (*Hassan II, roi du Maroc*)

«La démocratie n'est pas **une fin en soi** mais **un moyen** pour se développer.» (*Nicéphor Soglo, président béninois*)

garder à l'esprit *to keep in mind* **le sang** *blood* **balbutiant(e)** *faltering* **le niveau** *level* **une fin en soi** *an end in itself* **un moyen** *means*

égalité	liberté	???	voter	DIVERSITÉ
compréhension	??? tout le monde		éduqué(e)	RESPECTER

EXEMPLE   **Dans une démocratie, le peuple doit être éduqué.**

1. _____

2. _____

SUJET DE CONVERSATION 1   Talking about the future

A. Signez la charte. Plusieurs Français célèbres et beaucoup de citoyens ordinaires ont signé la charte «Acteur de l'Environnement». Faites une liste des choses que vous ferez si vous la signez.

Soyez Acteur de l'Environnement : SIGNEZ LA CHARTE

1 • Je respecte la nature et ses éléments,
plantes, fleurs, animaux et tout milieu naturel sensible (marais, rivières, bords de mer, etc.)…
avec Sélection du Reader's Digest, acteur de l'environnement.

2 • Je suis responsable de mes déchets,
en ne les abandonnant pas, j'utilise autant que possible les poubelles appropriées (verre, huile, carton, papier, piles, etc.) et, pour les plus encombrants, en allant à la déchetterie…
avec Allibert Développement Urbain, acteur de l'environnement.

3 • Je protège l'eau,
en veillant à la préservation de l'environnement, en ne rejetant pas de produits toxiques dans les cours d'eau, en gérant ma consommation…
avec la Lyonnaise des Eaux-Dumez, acteur de l'environnement.

4 • Je me déplace "futé"
en utilisant prioritairement les transports en commun, en adaptant mon véhicule à mon itinéraire, en me déplaçant à pied ou en vélo, ce qui est bon pour ma santé…
avec la SNCF, acteur de l'environnement.

5 • J'économise l'énergie
en éteignant la lumière, en ne chauffant pas la fenêtre ouverte, en isolant ma maison, en me renseignant sur toutes les économies d'énergie protectrices de l'environnement et en choisissant des matériels appropriés…
avec IBM, acteur de l'environnement.

Chacun d'entre nous a conscience de la fragilité des ressources de notre planète, sans savoir nécessairement comment participer à la défense de l'environnement dans notre vie quotidienne.

Nous vous invitons à signer la charte "Acteur de l'Environnement", lancée par le Comité Français pour l'Environnement, pour que chacun puisse, de manière concrète, respecter au quotidien dix engagements simples.

6 • Je lutte contre le bruit et ses méfaits,
en baissant mon poste de télévision, ma radio et ma chaîne hi-fi, en utilisant ma tondeuse à gazon à une heure décente, en réglant ma mobylette…
avec le Centre d'Information et de Documentation sur le Bruit, acteur de l'environnement.

7 • Je préserve ma santé en préservant l'environnement,
en appliquant chacun des principes de la Charte, et notamment l'attention portée à l'eau, aux déchets, au bruit, au comportement de mes animaux…
avec Rhône-Poulenc, acteur de l'environnement.

8 • Je préserve le paysage,
en respectant les cahiers des charges de mon immeuble, de ma commune, de ma région, et les règles élémentaires du bon voisinage, en laissant la nature plus propre encore que j'ai pu la trouver…
avec Vacances Propres, acteur de l'environnement.

9 • Je choisis mes produits
qui font appel à un minimum d'emballage, ou dont les emballages, fabriqués à partir d'éléments recyclables ou réutilisables, sont eux-mêmes recyclés et respectueux de l'environnement…
avec Carrefour, acteur de l'environnement.

10 • J'informe et je m'informe,
je m'informe auprès des associations, de ma mairie et de tout organisme compétent en ce domaine. Je sensibilise ma famille, mes amis, mes collègues de travail à la protection et à la promotion de l'environnement… avec Elf, acteur de l'environnement.

      LA DÉPÊCHE EUROPE 1

EXEMPLE   **Je respecterai la nature et ses éléments.**

1. _____

2. _____

3. _____

4. _____

5. _____

6. _____

7. _____

8. _____

B. Optimiste ou pessimiste? Daniel est très optimiste face à l'avenir mais Mukala et ses amis sont plutôt pessimistes. Décidez qui croit que les choses suivantes arriveront à l'avenir, Daniel ou Mukala et ses amis.

EXEMPLES   vivre mieux   →   **Daniel croit qu'on vivra mieux à l'avenir.**
            être moins heureux   →   **Mukala et ses amis croient qu'on sera moins heureux
                                       à l'avenir.**

1. voir plus de criminalité _____

2. avoir une vie plus agréable _____

3. pouvoir trouver un remède contre le cancer _____

_____

4. devenir moins capable de nourrir le monde _____

_____

5. faire des progrès en agriculture _____

6. s'entendre mieux _____

Et vous? Êtes-vous optimiste ou pessimiste face à l'avenir? Écrivez trois phrases qui expliquent ce que vous croyez.

_____

_____

_____

C. Questions. Répondez aux questions suivantes en remplaçant les mots en caractères gras par **y** ou **en**.

1. Voit-on beaucoup **de sans domicile fixe** dans votre ville?

_____

2. Voyez-vous des signes de gangs **dans votre quartier**?

_____

3. Quelles organisations bénévoles (*voluntary*) s'occupent **des problèmes des pauvres** dans votre ville?

_____

4. Est-ce que vous participez quelquefois **aux activités de ces organisations**?

_____

5. Croyez-vous **à la liberté individuelle sans condition**? Sinon, quand est-ce que vous n'y croyez pas?

_____

SUJET DE CONVERSATION 2   Giving details about observations

A. Chanteuses africaines. Mukala parle des musiciennes zaïroises. Combinez les phrases suivantes en remplaçant les mots de la seconde phrase en caractères gras par un pronom relatif. Utilisez **qui** pour remplacer le sujet d'une phrase, **que** pour le complément direct et **dont** pour le complément de la préposition **de**.

EXEMPLE   Il y a plusieurs grandes chanteuses zaïroises. **Ces chanteuses** ont eu beaucoup de succès à un niveau (*level*) international.
Il y a plusieurs grandes chanteuses zaïroises qui ont eu beaucoup de succès à un niveau international.

1. Les rythmes traditionnels des cérémonies de mariages et de funérailles sont évidents dans la musique de ces femmes. Les plus célèbres **de ces femmes** sont Tshala Muana, Abeti Musikini, M'Belia Bel et Fay Tess.

   _____

   _____

   _____

2. Il ne faut pas oublier le rôle traditionnel de la femme. Ces chanteuses jouent **ce rôle** dans la société africaine.

   _____

3. Ces femmes rencontrent souvent l'opposition de leur famille. **Leur famille** ne veut pas de fille «star».

   _____

4. La musique zaïroise est remplie (*filled with*) de motifs ancestraux. L'origine **de ces motifs** se perd dans la nuit des temps.

   _____

   _____

5. Il y a des thèmes populaires comme la terre et la vie agricole. On trouve **ces thèmes** dans plusieurs chansons de ces femmes.

   _____

   _____

6. Parfois ces chanteuses chantent dans une langue archaïque. Seulement quelques femmes de leur village comprennent **cette langue**.

   _____

   _____

B. **Une interview.** Lisez l'interview suivante entre la revue *Jeune Afrique* et l'écrivain congolais Sony Labou Tansi. Remplissez chaque blanc avec le pronom relatif **qui** ou **que**.

Sony Labou Tansi

Homme de théâtre et romancier, il cultive son jardin de Brazzaville quand il ne voyage pas à Paris ou Genève. Son dernier livre, Les Yeux du volcan, *est paru il y a trois ans. Déjà, on s'inquiète...*

JEUNE AFRIQUE: *Sony Labou Tansi est-il trop occupé à survivre pour avoir le temps d'écrire?*

SONY LABOU TANSI: Non, mais je dors peu! Je viens de terminer la première version d'un roman sur l'écologie. Il s'intitulera, je pense, *Le Commencement des douleurs.*

J.A.: *Pourquoi l'écologie? Est-ce parce qu'il y a eu une tentative d'importation de **déchets** toxiques au Congo, votre pays?*

S.L.T.: Oh non! Mais j'essaie de réfléchir sur la place _____ nous, les humains, laissons à la nature dans le monde où nous vivons.

J.A.: *Ce ne sera donc pas un roman mais un essai...*

S.L.T: C'est un roman, disons, de science-fiction. L'histoire d'un **savant** _____ pense qu'il y a trop d'eau sur la planète —ce qui est vrai— et qu'il faut trouver de la place pour les humains. Alors il va «faire **pousser**» des îles...

J.A.: *Dans quelle région du monde se situe l'action?*

S.L.T.: Quelque part dans l'Atlantique.

J.A.: *Votre savant est-il européen, américain ou asiatique?*

S.L.T.: C'est un **fou** _____ n'a pas de couleur. Africain ou Européen, peu importe. Je crois d'ailleurs que nous devons commencer à réfléchir autrement. Jusqu'à présent, nous, Africains, avons été très archaïques. Je ne néglige pas ce que nous appelons le «problème d'identité», mais il faut aller **au-delà**. Les identités ne doivent pas devenir des handicaps. Moi, Sony Labou Tansi, je suis *kongo*. Mais j'ai aussi une capacité d'ouverture sur les autres, la capacité d'accepter les différences. Donc, mon savant n'a pas de couleur. Sa première préoccupation, c'est le travail _____ il fait et non la couleur de sa peau ou la longueur de ses cheveux.

J.A.: *Comment travaillez-vous?*

S.L.T.: J'ai toujours sur moi un cahier d'écolier. Je note ce que je vois, ce qui me **frappe**. Quand j'écris, je fais toujours plusieurs versions. Je complète, je corrige, j'affine.

J.A.: *À quel moment estimez-vous que c'est parfait, **digne** d'être édité?*

S.L.T.: Jamais. On peut et on doit toujours tout améliorer.

J.A.: *Faites-vous partie de ces écrivains _____ veulent obstinément continuer à écrire à la main?*

S.L.T.: J'ai essayé de travailler avec une machine et même avec un ordinateur. Mais le côté sportif de l'exercice influe toujours sur l'émotion. Alors, je préfère écrire à la main. Mon émotion est intacte et je peux mieux la traduire et la transmettre.

les déchets *(m) waste* **un savant** *scientist* **pousser** *to grow* **un fou/une folle** *crazy person* **au-delà** *beyond* **frapper** *to strike* **digne** *worthy*

C. **Comparaisons.** Comparez la vie à la campagne, en ville et en banlieue en complétant les phrases suivantes avec un adjectif ou un substantif (*noun*) qui exprime vos sentiments.

1. La vie est plus _____ à la campagne qu'en ville.

2. La vie est moins _____ en banlieue qu'à la campagne.

3. La vie est aussi _____ en banlieue qu'en ville.

4. Il y a plus de _____ en ville qu'à la campagne.

5. Il y a moins de _____ à la campagne qu'en ville.

6. Il y a autant de _____ en banlieue qu'en ville.

NOM _____   COURS _____

SUJET DE CONVERSATION 3   Discussing options

A. S'il fallait... Pour certains, la vie moderne devient de plus en plus difficile. Si vous aviez une famille et n'aviez pas de domicile fixe ou d'emploi, laquelle des choses suivantes feriez-vous le plus probablement?

EXEMPLE   partager une maison avec deux autres familles / habiter dans une petite chambre d'hôtel
J'habiterais dans une petite chambre d'hôtel.

1. laisser les enfants seuls pour aller chercher du travail / aller aux interviews avec vos enfants

   _____

2. avoir peur / être calme

   _____

3. tout dire aux enfants / ne pas parler de la situation aux enfants

   _____

4. perdre l'espoir / rester optimiste

   _____

5. avoir quelquefois faim / bien manger

   _____

B. Et si...? Quels seraient les résultats si on faisait les choses suivantes? Complétez les phrases suivantes.

EXEMPLE   Si tout le monde prenait l'autobus au lieu de (*instead of*) sa voiture...
Si tout le monde prenait l'autobus au lieu de sa voiture, il y aurait moins de pollution et moins de bruit.

1. Si l'éducation universitaire était gratuite (*free*)...

   _____

2. Si la peine de mort était obligatoire pour les assassins...

   _____

3. Si les revolvers étaient illégaux...

   _____

TOURNEZ
S.V.P.

4. Si la drogue était légale…

_____

5. Si on ne pouvait plus acheter d'alcool…

_____

C. Dans un monde parfait. Écrivez cinq phrases qui décrivent comment la vie serait si le monde était parfait.

EXEMPLE   **Dans un monde parfait, tout le monde s'entendrait. Il n'y aurait pas de…**

_____

_____

_____

_____

_____

_____

_____

❦

C'est à lire!

Lisez l'article suivant sur le rap français publié dans la revue *Jeune Afrique* et répondez aux questions qui suivent. Ensuite, lisez les paroles de la chanson à la page suivante.

MC Solaar, rappeur et sans reproche
Il a tout pour plaire, du talent à revendre. Il a quitté l'Afrique à 6 mois. Il y retourne... en tournée.

Il a vendu plus de 250 000 **exemplaires** de son album *Qui* **sème** *le vent* **récolte** *le tempo*. Il a squatté le Top 50 de Canal Plus pendant de nombreuses semaines. Il tourne à travers le monde et visite actuellement l'Afrique. Claude M'Barali, 23 ans, est devenu la nouvelle étoile du rap, sous le nom de MC Solaar. Né au Sénégal de parents tchadiens, ce **beau gosse** au **sourire éclatant** a **séduit** la France profonde et semé l'espoir dans la diaspora des banlieues.

Ceux qui ne **se fient** pas aux apparences ont de réelles raisons d'apprécier ce poète de la rue, même s'ils ne sont pas d'accord avec ses arguments. Le talent, lorsqu'il est grand, transcende les divergences d'idées. Depuis Claude Nougaro, on avait rarement entendu un chanteur capable de faire **sonner** la langue française avec une pareille richesse: virtuose **jongleur** de mots, Solaar joue avec leur (double) sens, leur rythme et les rimes.

«Je travaille peu mes textes, nous explique-t-il. J'écris une chanson en trente minutes. Au moins cinq titres de mon disque ont été **rédigés sur le vif**, dans le studio. J'accumule, j'use mes **rotules**, c'est-à-dire que je marche, j'observe et je capte ce qui se passe autour de moi. Je vais là où il y a des rencontres, des événements, des discussions. Au début, j'avais envie d'être journaliste.»

Ses textes, effectivement, parlent aux jeunes. Arrivé en France à l'âge de 6 mois, il a **écumé** la banlieue parisienne. Il trouve les mots pour toucher ceux que le **béton** et l'exclusion sociale ont **repliés** sur eux-mêmes.

Le rap a été comme un bol d'oxygène pour nombre de **mômes déprimés** par leurs conditions de vie. «Il faut transposer la violence dans l'art. La première bande à laquelle j'ai appartenu (le Posse 501 Spécial Force) avait cette philosophie: s'en sortir en étant créatif, dans la musique, le tag... Au début des années quatre-vingts, j'ai découvert le message de la Zulu Nation, un mouvement qui cherchait à rassembler les adeptes de la non-violence.»

L'Afrique, où MC Solaar est en tournée jusqu'au 14 novembre, a laissé en lui un **manque**. Il l'a quittée trop tôt pour avoir eu le temps d'apprendre une langue. «Ma mère parle une dizaine de langues africaines. J'aimerais faire un long séjour en Afrique. Pas dans le cadre d'une tournée, où tout va trop vite. Mais rester suffisamment longtemps pour m'imprégner de la vie quotidienne.»

---

un exemplaire *copy* **semer** *to sow* **récolter** *to harvest* **un beau gosse** *a handsome guy* **un sourire** *smile* **éclatant(e)** *bright* **séduire** *to seduce* **se fier à** *to trust* **sonner** *to sound, to ring* **un jongleur / une jongleuse** *juggler* **rédiger** *to write* **sur le vif** *on-the-spot* **les rotules** *(f)* *kneecaps* **écumer** *to scour* **le béton** *concrete* **replier** *to withdraw* **un(e) môme** *kid* **déprimé(e)** *depressed* **un manque** *void*

Avez-vous compris? Lisez «MC Solaar, rappeur et sans reproche» et ensuite, répondez aux questions suivantes.

1. Où est-ce que MC Solaar est né? D'où sont ses parents?

_____

2. Est-ce qu'il passe beaucoup de temps à composer ses chansons?

_____

3. Selon Solaar, dans quoi devrait-on transposer la violence?

_____

LA DEVISE
(MC Solaar)
Première **plaie déstabilisant** le monde
De la nature veut-on **creuser la tombe**
Un **linceul, cercueil** recouvert de **feuilles** mortes
Les pluies acides ont semé **le deuil**
Forêt amazonienne, paradis sur terre
Virée sur compte en banque sous forme de billets verts
Amnésie, **trou de mémoire**, trop tard
La **couche** d'ozone est victime de l'histoire
D'hommes stupides ne pensant qu'à court terme
Mais le 494 + seven traîne
Dans les **parages** et **fier** de sa stature
Une fois de plus la terre paie en nature
Un conquistador est un **con** qui s'adore
Sa seule devise est d'acquérir de l'**or**
La conclusion que je donne à cette analyse

Est que leur seule devise reste la devise

Une secte abjecte injecte dans l'économie
Le narco-dollar et Solaar en est l'ennemi
Un homme en blouse blanche
Fabrique de la **poudre** blanche
Et dans l'**ombre** le **cauchemar** commence
Le cinq cent one blâme, l'infâme dealer de **came**
Dont le **siège social** se trouve sur le **macadam**
Donc stop, tel est mon vote sans équivoque

Ça te choque, je **m'en moque**, La vie n'est pas un jack pot
L'homme en blouse te **blouze**, il te **pique** ton **flouze**
Qu'il cherche à investir dans l'Europe des douze
Because, sa cause est la dose qu'il propose sans **pose**
En un mot, il impose l'overdose
Accumule un **pécule** qu'il calcule sans cesse
Il **vole** les imbéciles mais bref
La conclusion que je donne à cette analyse

Est que leur seule devise reste la devise

Doublement, triplement, indubitablement hardcore
Forts soyons et mettons-nous d'accord
Je, tu, il, en fait nous sommes
Pour que dure l'avenir de l'homme
Que dira alors la **colombe** de la paix
Elle **bat de l'aile** la belle, c'est un fait
À cause de la **folie** meurtrière
Ils courent vers le prix Nobel de la guerre
À l'heure où la joie laisse place à la douleur
Où l'inquiétude laisse place à la peur
On abandonne, **détruit**, toute idée de vie
Est-ce une philosophie?
Guerre, drogue, pollution, conclusion
La situation me scandalise
Leur motivation lorsque je l'analyse

Est que leur seule devise reste la devise

---

la devise *motto, currency* (a play on words here) une plaie *wound, scourge* déstabilisant *destabilizing* creuser *to dig*
la tombe *grave* un linceul *shroud* un cercueil *coffin* une feuille *leaf* le deuil *mourning* virer *to deposit* un trou de
mémoire *memory gap* la couche *layer* les parages(m) *the area* fier(-ère) *proud* un con *(vulgar) jerk* l'or *(m) gold* la poudre *powder*
l'ombre *(f) shadow* un cauchemar *nightmare* la came(lote) *junk* le siège social *the corporation headquarters* le macadam *asphalt,*
street se moquer de *to care less about* blouzer (blouser *to con, to trick*) piquer *to swipe* le flouze *(slang) money* une pose *(a play*
on the words pose and pause) un pécule *savings* voler *to steal from* fort(e) *strong* la colombe *dove* battre de l'aile *to flap its*
wing la folie *madness* détruire *to destroy*

A. Problèmes mondiaux. Lisez les paroles de la chanson «La Devise» et faites une liste de tous les
problèmes mondiaux mentionnés.

_____

_____

_____

B. Une idée. Choisissez un passage de la chanson qui exprime une idée que vous trouvez intéressante.
Expliquez, en anglais, pourquoi vous avez choisi ce passage.

_____

_____

_____

_____

_____

_____

Ça y est! C'est à vous!

Une publicité. Vous allez rédiger (*write*) une publicité pour un problème du monde moderne qui vous préoccupe. Avant de commencer, lisez cette publicité préparée par Secours populaire *français* et faites les exercices qui suivent.

... supports
SYSTÈME-D
Writing Assistant for French

If you have access to *système-D* software, you will find corresponding grammar, vocabulary, and phrases in the following categories: **advising; agreeing & disagreeing; attracting attention; city; conditional; describing health; disapproving; encouraging; expressing an opinion; imperative; impersonal il; linking ideas; medicine; persuading; relative pronoun dont; relative pronouns qui, que; sickness; warning; writing a news item.**

ILS SONT BEAUCOUP PLUS MENACÉS PAR LA DÉLINQUANCE QUE VOUS NE L'ÊTES PAR LES DÉLINQUANTS.

L'actualité nous en fournit la preuve: l'ennui, dans les banlieues, mène tout droit à la délinquance. L'ennui, ce sont de longues journées d'inaction qui, mises bout à bout, se confondent toutes. Cela ne ressemble-t-il pas déjà à la prison? Aujourd'hui, plus de 20% des jeunes de moins de 20 ans sont menacés, comme on dit, de mal tourner. Des statistiques peu réjouissantes. Nous n'allons pas regarder la courbe grimper en restant les bras croisés. Nous réagissons, nous agissons. En 1990, nous avons aidé 19 500 jeunes à décrocher leur premier emploi. Nous en avons aidé d'autres à se former, à se qualifier avec des bourses. Nous leur avons ouvert d'autres horizons en leur facilitant l'accès aux loisirs, à la communication. Il n'y a pas de secret, il faut lutter contre le chômage et l'inaction. C'est important, c'est urgent et pour être plus efficace dans notre action, nous avons besoin de vous. De votre argent bien sûr, mais aussi de votre énergie, de vos idées. Aidez-nous à briser le cercle vicieux de l'échec et à protéger des milliers de jeunes en danger de délinquance.

SECOURS POPULAIRE FRANÇAIS
(1) 42 78 71 71

AGIR POUR RÉAGIR.

A. **Analyse du problème.** Répondez aux questions suivantes pour mieux voir comment on a organisé cette publicité.

1. Quelle image du problème crée-t-on? Quels mots dans les deux premières phrases de la publicité décrivent la cause de la délinquance?

   _____

2. Est-ce que la délinquance est répandue? Quelles statistiques donne-t-on?

   _____

3. Selon la publicité, que fait-on pour combattre la délinquance?

   _____

B. Organisez-vous. Faites les choses suivantes pour organiser votre rédaction.

1. Écrivez deux phrases qui créent une image du problème et qui toucheront les émotions du lecteur.

_____

_____

2. Expliquez si ce problème est répandu. Donnez quelques statistiques. (Si vous n'avez pas de statistiques précises, devinez.)

_____

_____

3. Nommez deux choses qu'il faut faire pour combattre le problème et demandez au lecteur d'y participer.

_____

_____

C. Une publicité. Maintenant, rédigez (_write_) le texte de votre publicité.

_____

_____

_____

_____

_____

_____

_____

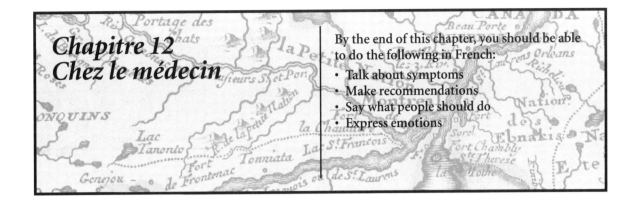

Chapitre 12
Chez le médecin

By the end of this chapter, you should be able to do the following in French:
- Talk about symptoms
- Make recommendations
- Say what people should do
- Express emotions

Pour commencer

A. Le corps humain. Écrivez le nom de la partie du corps à côtè de chacune des lignes.

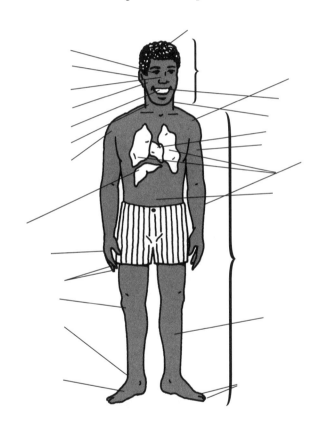

B. On se fait mal et on se soigne. Complétez les phrases suivantes avec le nom de la partie du corps la plus logique.

1. Avant de manger, je me lave toujours les _____.

2. Si je mange quelque chose qui est encore trop chaud, je me brûle la _____.

3. Je ne peux pas écrire parce que je me suis cassé trois _____.

4. Hier soir, je dansais et je me suis foulé _____.

B. Vêtements. Dans chaque blanc, écrivez le nom d'une partie du corps que vous associez avec le vêtement indiqué.

C. Médicaments. Expliquez à un(e) ami(e) français(e) quand on utilise les médicaments suivants.

EXEMPLE   Robitussin → **C'est pour quand on tousse.**

1. Peptobismol _____

2. Dr. Scholls _____

3. Murine _____

4. Sucrets _____

5. Sinaid _____

6. Tylenol _____

7. Mentholatum _____

8. cortisone cream _____

Comment s'y prendre?

Révisons un peu! In each unit of *Qu'est-ce qu'on dit?*, you have learned strategies that will help you understand better when reading French. The following two strategies in particular will help you read the following explanation of how to relieve foot pain from *Afrique Magazine.* You may wish to review these comprehension strategies in the textbook: **Guessing from context** (p.101), **Using word families** (p. 317).

A. Le pied. Parcourez «Le soir, délassez vos pieds!» et donnez l'équivalent français de ces parties du pied.

1. the sole _____

2. the arch _____

3. the heel _____

4. the toes _____
   (= **les doigts de pied**)

B. La même famille de mots. Cherchez les mots suivants dans le texte. Vous connaissez déjà les mots de la même famille entre parenthèses. Utilisez ce mot et le contexte pour deviner le sens du mot dans le texte. Écrivez la définition dans le blanc.

1. la longueur (long)

   _____

   _____

2. allongez-vous (long)

   _____

   _____

3. massez (un massage)

   _____

   _____

C. Avez-vous compris? Sur une autre feuille de papier, faites une liste de trois choses qu'on peut faire si on a mal aux pieds.

Le soir, délassez vos pieds!

Ils sont gonflés, douloureux après une longue journée... Pour soulager ces petites misères, voici six mouvements simples et très efficaces.

1. Avec votre poing fermé, frottez assez énergiquement la plante des pieds, sur toute la longueur. À faire cinq fois.

2. Pour soulager particulièrement vos talons, croisez les mains dessous et serrez fortement pendant une dizaine de secondes. À faire cinq fois.

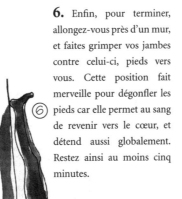

3. Avec les pouces, massez toute la voûte plantaire en effectuant des petits mouvements circulaires, tout en appuyant bien. Dix allers et retours des orteils au talon sont nécessaires.

4. Procurez-vous une balle de tennis. Faites-la rouler sous le pied en insistant sur les points douloureux. Ce mouvement peut être effectué plusieurs fois dans la journée, par exemple discrètement sous votre bureau, si vous souffrez beaucoup des pieds.

5. Étirez vos orteils en les écartant deux à deux. Cela, en vous servant de vos deux mains. Puis étirez vos orteils un à un.

6. Enfin, pour terminer, allongez-vous près d'un mur, et faites grimper vos jambes contre celui-ci, pieds vers vous. Cette position fait merveille pour dégonfler les pieds car elle permet au sang de revenir vers le cœur, et détend aussi globalement. Restez ainsi au moins cinq minutes.

Et sous la douche... Pensez à passer le jet d'eau (frais...) sous la voûte plantaire avec un mouvement de va-et-vient des orteils aux talons. Cela délasse et active la circulation.

Julie Gilles

Qu'est-ce qui se passe?

Daniel commence à écrire un article pour un journal à Kinshasa où il répond aux questions médicales des lecteurs. Aidez-le à répondre à la lettre suivante.

> *Cher médecin,*
> *Comme vous savez, le Zaïre est l'un des pays les plus atteints du SIDA en Afrique et ma mère en a très peur. Elle ne permet plus que j'utilise les W.-C. publics et elle ne me laisse plus aller chez ma meilleure amie parce que sa sœur en est atteinte. Est-ce que vous pourriez expliquer à ma mère comment on attrape cette maladie?*
> *une de vos lectrices*

avoir peur de	**attraper (to catch)**	**éviter**	*se protéger*
les toilettes	LE CONTACT SEXUEL	le contact social	
la drogue	**par (by)**	les malades	LES INJECTIONS (SHOTS)

Chère lectrice,

Il ne faut pas.... _____

Il est impossible d(e)... _____

Il est possible d(e)... _____

Il faut... _____

Remarquez que...

La négritude. Après l'indépendance de la plupart des pays d'Afrique noire au début des années soixante, beaucoup de poètes et d'artistes ont créé des œuvres qui glorifiaient la race noire et sa culture. Ce poème du célèbre poète Bernard Dadié vante (*praises*) la beauté des peuples noirs et leur histoire. Lisez le poème et faites une liste des parties du corps qu'il mentionne.

Je vous remercie mon Dieu

Je vous remercie mon Dieu, de m'avoir créé Noir,
d'avoir fait de moi
la somme de toutes les **douleurs**,
mis sur ma tête,
le Monde,
J'ai la **livrée** du Centaure
Et je porte le Monde depuis le premier soir.

Je suis content
de la forme de ma tête
faites pour porter le Monde,
Satisfait
de la forme de mon nez
Qui doit **humer** tout le vent du Monde,
Heureux
de la forme de mes jambes
Prêtes à courir toutes les **étapes** du Monde.

Je vous remercie mon Dieu, de m'avoir créé Noir,
d'avoir fait de moi,
la somme de toutes les douleurs.

Trente-six **épées** ont transpercé mon cœur.
Trente-six **brasiers** ont brûlé mon corps.
Et mon sang sur tous les **calvaires** a rougi la neige,
Et mon sang à tous les **levants** a rougi la nature.

Je suis quand même
Content de porter le Monde,
Content de mes bras courts
    de mes bras longs
        de l'**épaisseur** de mes **lèvres**.

Je vous remercie mon Dieu, de m'avoir créé Noir,
Je porte le Monde depuis l'**aube** des temps
Et mon **rire** sur le Monde
    dans la nuit
        crée le jour.

---

la douleur *pain* **la livrée** *livery, uniform* **humer** *breathe in* **une étape** *stopping place* **une épée** *sword* **un brasier** *an inferno*
un calvaire *calvary* **le levant** *sunrise* **l'épaisseur** *(f) thickness* **les lèvres** *(f) lips* **l'aube** *(f) dawn* **un rire** *laugh, laughter*

A. L'avenir professionnel. Lisez l'article suivant de la revue pour femmes *Amina,* publiée au Sénégal. Dans cet article, on explique comment être promu(e) (*promoted*) dans son travail. Avant de commencer à lire, révisez l'impératif à la page 296 du livre.

APPRENEZ À ÉVALUER VOS CAPACITÉS PROFESSIONNELLES

LA PLUPART D'ENTRE NOUS ASPIRONS À DES CHOSES MEILLEURES. ALORS, DONNEZ À VOTRE EMPLOYEUR DE BONNES OCCASIONS DE PROMOUVOIR VOTRE CARRIÈRE. LORSQUE VOUS AVEZ DU TEMPS LIBRE, N'ATTENDEZ PAS QUE VOS SUPÉRIEURS VOUS DONNENT DU TRAVAIL. CHERCHEZ À VOUS RENDRE UTILE D'UNE FAÇON OU D'UNE AUTRE.

Avez-vous déjà eu l'impression que malgré tous vos efforts, personne n'apprécie votre travail? Peut-être que vous ne donnez à personne une raison de le faire. Vous ne pouvez vous attendre à ce que vos supérieurs soient au courant des divers travaux importants auxquels vous avez pris part si vous ne le leur faites pas savoir.

IL EST IMPORTANT QUE VOUS SACHIEZ ÉVALUER VOS CAPACITÉS PROFESSIONNELLES VOUS-MÊMES.

À partir d'une enquête, un article du *Wall Street Journal* révélait que 83 pour cent des directeurs généraux qui ont perdu leur emploi avaient un point en commun: ils ne donnaient pas à leurs supérieurs suffisamment d'information sur leurs travaux et projets.
Voici quelques conseils qui vous aideront à mieux évaluer vos capacités professionnelles vous-mêmes.
- Faites régulièrement connaître vos divers projets à vos supérieurs au moyen de notes.
- Faites-leur également parvenir des rapports de toutes les réunions.
- De temps à autre, parlez de vos projets à d'autres personnes travaillant dans la même société que vous en espérant qu'elles en parleront à leurs supérieurs. Cela vous fera connaître et peut-être estimer.
- Faites une liste de vos divers projets et distribuez des photocopies lors des réunions afin de pouvoir mieux en parler.

VOS RELATIONS AVEC VOTRE SUPÉRIEUR

Même les chefs de service ont un supérieur hiérarchique. Si vous souhaitez avoir un poste dans un autre service, il vaut mieux avoir de bonnes relations avec votre chef de service. Pour cela vous devez faire les choses suivantes:
- Soyez ouverte au dialogue. Mettez-le au courant de tout. Ne gardez pas d'informations secrètes: vous donnerez l'impression de «faire bande à part».
- Admettez toujours vos erreurs. N'ayez pas peur de vous impliquer et ne vous excusez pas si vous vous êtes trompée à propos de quelque chose.
- Soyez «fidèle». Même si vous n'appréciez pas toutes les décisions prises par votre supérieur, vous devez en tant que membre de son groupe de travail lui apporter votre soutien. Vous devez savoir que lorsqu'une décision est prise, même si ce n'est pas celle que vous auriez prise, vous devez l'accepter.
- Faites votre travail rapidement, avec bonne humeur et du mieux que vous pouvez.

QUE FAIRE POUR ÊTRE PROMUE?

VOICI LA MARCHE À SUIVRE :
- Sachez quelles sont vos forces et vos faiblesses et exploitez vos forces au maximum.
- Acceptez toutes les tâches qui vous sont confiées avec le sourire, même si certaines sont ennuyeuses.
- Écoutez tout ce que l'on vous rapporte mais ne faites pas de commentaire. Souvenez-vous que «la parole est d'argent mais le silence est d'or». Si vous ne voulez pas d'ennuis, soyez discrète.
- Travaillez beaucoup. Peu importe si vous travaillez plus d'heures que vous ne devriez, si vous fournissez un travail de qualité.
- Ne dites jamais de mal, même par sous-entendu, de vos supérieurs.
- Acceptez les remarques si elles sont valables.

Les personnes qui souhaitent être promues doivent non seulement comprendre le système des promotions mais également montrer un désir personnel d'être promues. Elles doivent montrer qu'elles sont dignes d'être promues en faisant tout leur possible afin que leur soient confiés des travaux importants et les effectuer de leur mieux. Il ne faut pas se contenter de faire sa part de travail. Si l'on veut être promue, il faut faire plus que la quantité de travail demandée. Vous devez chercher à avoir des responsabilités et à aider à trouver des solutions aux problèmes. N'attendez jamais que l'on vienne vous amener du travail dans votre bureau. Au contraire, quand vous n'avez pas beaucoup de travail, tâchez de vous rendre utile en faisant autre chose.

B. Les choses importantes. Maintenant, faites une liste des cinq choses les plus importantes qu'il faut faire à votre avis et cinq choses que vous pensez qu'il ne faut pas faire pour améliorer votre situation professionnelle.

Il faut...   Il ne faut pas...

Il faut parler à mes supérieurs de mes projets.   *Il ne faut pas garder d'informations secrètes.*

_____   _____

_____   _____

_____   _____

_____   _____

B. Non, pas comme ça! Relisez l'article «Apprenez à évaluer vos capacités professionnelles» et répondez aux questions suivantes en utilisant une expression négative.

ne... rien	ne... aucun(e)	ne... jamais
ne... ni... ni	NE... PERSONNE	

1. Quand est-ce qu'on doit dire du mal de ses supérieurs?

_____

2. Quelles informations faut-il garder secrètes?

_____

3. Qui appréciera votre travail si vous ne parlez jamais de vos projets?

_____

4. Si on veut être promu(e), doit-on ignorer ses forces (*strengths*) ou ses faiblesses (*weaknesses*)?

_____

C. Changements. Expliquez comment votre vie a changé depuis que vous avez fini l'école secondaire.

1. Qu'est-ce que tout le monde faisait quand vous alliez à l'école secondaire que personne ne fait plus maintenant?

_____

2. Qu'est-ce qui vous semblait très important avant et qui n'a plus aucune importance maintenant?

_____

3. Qu'est-ce que vous ne faisiez jamais quand vous alliez à l'école secondaire mais que vous faites souvent maintenant?

_____

SUJET DE CONVERSATION 2   Saying what people should do

A. Il faut faire autre chose. Aujourd'hui il faut que tout le monde travaille. D'abord, écrivez ce que chacun voudrait faire. Ensuite, dites ce qu'il faut que chacun fasse.

EXEMPLE   **Le chien voudrait**   Je _____   Éric _____

dormir mais il faut que je   _____   _____

fasse de l'exercice.   _____   _____

Mes voisins _____   **Annick** _____   **Mon mari** _____

_____   _____   _____

_____   _____   _____

B. Qui en est responsable? À votre avis, qui devrait être responsable des choses suivantes dans une société? Suivez l'exemple pour exprimer votre opinion.

chaque individu	**???**	**le gouvernement**	**???**	LES PARENTS	**???**

EXEMPLE   être honnête **Il faut que chaque individu soit honnête dans une société.**

1. s'occuper de l'éducation des enfants _____

2. faire de son mieux _____

3. protéger l'environnement _____

4. défendre les droits de l'homme _____

5. reconnaître la diversité des individus _____

6. dire la vérité _____

C. Une vieille dame. Lisez la lettre suivante qu'un lecteur a envoyée à la revue *Jeune Afrique*. Ensuite, complétez les phrases qui suivent.

«C'est l'histoire d'une vieille dame...»
«Le beau et le bon unissent les hommes, le mal et le laid les divisent.» (Tolstoï)

C'est l'histoire d'une vieille dame tunisienne qui a désiré rendre visite à son fils et à ses petits-enfants qui sont français et qui résident à Paris. Après avoir attendu le certificat d'**hébergement**, que son fils n'a réussi à obtenir qu'après avoir présenté toute une série de garanties qui prouvent qu'il est bon citoyen et qu'il a payé ses droits fiscaux, la pauvre dame est obligée de **faire la queue** devant le consulat de France à Tunis.

En arrivant, on l'informe qu'un certificat médical payant lui est indispensable pour l'**octroi** du visa, qui est lui aussi payant, évidemment; et comme elle est vieille, un taxi lui est d'ailleurs aussi indispensable pour ses déplacements. Après tous ces va-et-vient, le dossier est enfin en règle. Mais il faudra repasser le lendemain pour retirer le passeport; et **rebelote**, se lever tôt, faire la queue, attendre...

Avec le billet d'avion, l'allocation touristique, le timbre à l'aéroport, ce voyage qui devrait être un plaisir se transforme en un marathon infernal, **épuisant** à la fois pour le moral, la santé et le **porte-monnaie**. Pour voir ses petits-enfants avant de mourir, la vieille dame **a failli** mourir avant même de quitter l'aéroport.

Nos vieux parents ont dépassé l'âge d'être candidats à l'émigration clandestine et n'ont plus la force physique ni les moyens matériels pour supporter les charges des voyages. On ne doit pas les **enterrer** vivants. On vient d'abolir l'apartheid, on a détruit le mur de Berlin, et au moment où on fête le cinquième centenaire de la rencontre de deux mondes, nous sommes en train de **creuser un fossé** entre deux autres mondes.

l'hébergement (*m*) *lodging*   **faire la queue** *to stand in line*   **l'octroi** (*m*) *granting*   **rebelote** *all over again* **épuisant(e)** *exhausting*   **le porte-monnaie** *pocketbook*   **faillir** + infinitive *to almost* + past participle   **enterrer** *to bury* **creuser** *to dig*   **un fossé** *ditch, gulf*

Maintenant, complétez les phrases suivantes d'après la lettre. Mettez le verbe entre parenthèses au subjonctif.

1. D'abord, il a fallu que son fils _____ (attendre) le certificat d'hébergement.

2. Pour obtenir ce certificat il a fallu qu'il _____ (présenter) des garanties

   qu'il est bon citoyen.

3. Plus d'une fois, il a fallu que la vieille dame _____ (se lever) tôt , qu'elle

   _____ (faire) la queue et qu'elle _____

   (attendre) longtemps devant le consulat pour obtenir son passeport.

4. Il ne faut pas qu'un voyage pour le plaisir _____ (devenir) un marathon infernal.

5. Il ne faut pas que nous _____ (enterrer) nos vieux parents vivants.

Et à votre avis, est-ce nécessaire d'avoir tous ces réglements pour protéger une société contre l'immigration illégale ou est-ce possible de créer un système moins compliqué?

_____

D. À l'université. Quels conseils donneriez-vous à un(e) nouvel(le) étudiant(e)? Complétez les phrases suivantes.

1. Il vaut mieux que tu... _____

2. Il ne faut pas que tu... _____

3. Il est très important que tu... _____

SUJET DE CONVERSATION 3   *Expressing emotions*

A. Réactions. Comment répondriez-vous si une amie vous disait les choses suivantes? Commencez chaque phrase avec une expression qui exprime une émotion.

> **Je regrette que...   ???   Je suis content(e) que...**
> *Je suis surpris(e)...*   JE SUIS DÉSOLÉ(E) QUE...
> **C'est dommage que...   C'est normal/bon/mauvais que...   ???**

EXEMPLE   Je me sens mal → **Je suis désolé(e) que tu te sentes mal.**

1. J'ai mal au ventre _____

2. Je suis enceinte _____

3. Ce sont des jumelles _____

4. Je veux des filles plutôt que des fils _____

5. Je ne bois plus d'alcool _____

6. Je grossis beaucoup _____

B. Préférences. Exprimez un désir, une préférence ou une émotion en complétant les phrases suivantes.

1. Je préfère que mes amis... _____

2. Je voudrais que mon/ma meilleur(e) ami(e)... _____

3. C'est dommage que mon/ma meilleur(e) ami(e)... _____

4. Mes amis sont toujours étonnés que je... _____

C. Baby-sitting. Vous faites du baby-sitting. Dites aux enfants de faire chacune des choses indiquées. Ils répondent qu'ils ne veulent pas la faire.

EXEMPLE   — **Je veux que vous vous leviez tout de suite.**

            — **Mais, nous ne voulons pas nous lever.**

1. _____

2. _____

3. _____

C. **Bébés sur ordonnance.** Lisez la revue suivante du livre *Le désir froid, procréation artificielle et crise des repères symboliques,* par Michel Tort. Après avoir lu cette revue publiée par *Jeune Afrique,* donnez votre réaction aux idées exprimées dans les phrases qui suivent.

Procréation artificielle
Bébés sur ordonnance
Congélation du sperme, des embryons, fécondation *in vitro*... Les nouvelles technologies ont fait reculer les frontières du possible. La conception de la parenté s'en trouve bouleversée.

«Un enfant si je veux, quand je veux», tel était le slogan des femmes qui luttaient dans les années soixante et soixante-dix en Europe et en Amérique du Nord pour la liberté de la contraception et de l'**avortement**. Elles étaient loin de se douter qu'elles ouvriraient ainsi la **voie** à la plus grande révolution dans les systèmes de parenté et de filiation qui ait eu lieu depuis quelques millénaires. Car cet enfant «désiré» dont **il s'agissait** d'**empêcher** la naissance si elle n'était pas à propos, est devenu peu à peu l'enfant «programmé», puis l'enfant auquel on a droit quels que soient les obstacles physiologiques, psychiques ou familiaux.

Tout le monde connaît le développement extraordinaire des procréations médicalement assistées (PMA) — des mères porteuses aux bébés **éprouvettes** — grâce à l'usage de techniques de plus en plus sophistiquées. L'une des plus importantes est la congélation du sperme et des embryons, qui permet d'inséminer une femme avec le sperme d'un homme mort depuis des **décennies** ou d'avoir un enfant grâce à l'implantation d'un embryon conçu *in vitro* quelques années **auparavant**.

Le psychanalyste Michel Tort recense et étudie les modifications profondes de la conception du vivant et des formes de parenté qu'entraînent ces nouvelles technologies. Interrogeant dans un premier temps la psychanalyse pour évaluer les effets de cette «révolution», il utilise ensuite ses concepts pour analyser les différents discours scientifiques, juridiques, psychologiques ou religieux qu'elle **engendre**. En effet, c'est

l'ensemble d'un système symbolique (filiation, généalogie, mais aussi différence des sexes) qui se trouve ainsi **remanié**. Les parents d'un enfant qui ne sont pas ses parents biologiques, sont-ils des parents adoptifs? Des hommes, des femmes qui veulent être père ou mère sans avoir de **rapport** avec l'autre sexe doivent-ils avoir la possibilité de recourir à de telles méthodes et quelles en seront les conséquences pour l'enfant?

De ce livre extrêmement documenté mais parfois un peu **ardu** en raison de la complexité des sujets qu'il aborde, on tirera la conclusion que, s'il ne faut pas diaboliser la science et les techniques, elles ouvrent **cependant** un **champ** dont on peut attendre le meilleur comme **le pire**.

l'avortement *(m) abortion* **la voie** *way* **s'agir de** *to be a question of* **empêcher** *to avoid* **une éprouvette** *a test tube*
une décennie *a decade* **auparavant** *before* **engendrer** *to create* **remanier** *to reshape* **un rapport** *a relationship* **ardu(e)** *difficult*
cependant *however* **un champ** *a field* **le pire** *the worst*

Maintenant, récrivez les phrases suivantes. Commencez chacune d'entre elles avec une expression qui exprime votre avis.

Je suis content(e) que...   **???**   **Ça me fait peur que...**   *Je veux que...*
C'EST DOMMAGE QUE...   C'est bizarre que...   **???**   C'est normal que...

---

1. Il est possible d'avoir un bébé sans avoir de rapport avec l'autre sexe.

_____

2. Il y a de moins en moins de familles traditionnelles.

_____

3. On fait des recherches sur la programmation génétique.

_____

4. Un homme peut devenir père des décennies après sa mort.

_____

C'est à lire!

L'article ci-dessous sur la dépression a été publié par *Afrique Magazine*. Dans l'article, il y a beaucoup de mots que vous ne connaissez pas. Utilisez le contexte et ce que vous savez déjà sur le sujet de la dépression pour deviner leur sens. Après avoir lu l'article, faites les exercices à la page suivante.

DÉPRESSION
UNE MALADIE
À PRENDRE AU SÉRIEUX

Cela n'arrive pas qu'aux autres... La dépression nerveuse peut toucher tout le monde un jour. Cette affection méconnue, encore taboue, fait toujours peur. Pourtant, même si la panacée n'existe pas, on dispose aujourd'hui d'armes efficaces pour la combattre.

PAR ANNICK BEAUCOUSIN

1 – Dépression et déprime, est-ce la même chose?

Pas du tout. La dépression est une vraie maladie, au sens propre du terme. Mais le mot dépression est galvaudé. Les périodes de «moral à zéro», les coups de cafard, de déprime, dont se plaignent moult gens, n'ont rien de comparable avec une dépression, même atténuée: on se sort seul et assez facilement de ces mauvais moments. En revanche, en cas de véritable dépression, l'état de souffrance est tel qu'il retentit sur toute la vie quotidienne: le malade n'a plus aucune énergie, est incapable de toute démarche volontariste, et il faut l'aider. Même un événement heureux n'y changera rien. Dans ses formes graves, la dépression conduit parfois au suicide.

2 – Est-ce une affection fréquente?

On estime qu'une personne sur dix aura une dépression au cours de sa vie. Contrairement à une idée reçue, cette maladie est plus répandue entre 30 et 50 ans qu'après. Autre constante: les divorcés et séparés présentent un risque supérieur aux mariés et célibataires. Chez les personnes âgées, les rechutes apparaissent plus longues et plus fréquentes.

3 – On dit que la femme est plus «vulnérable» à la dépression. Est-ce exact?

Oui, sur trois déprimés, deux au moins sont des femmes. Une «vulnérabilité» due, selon les spécialistes, au fait que celles-ci expriment davantage leurs souffrances (les hommes, eux, «plongent» plus volontiers dans l'agressivité ou l'alcoolisme). Certains auteurs pensent aussi que les hormones féminines jouent un rôle de fragilisation. Néanmoins, la corrélation dépression-ménopause reste discutée. La peur de vieillir, le départ des enfants, la perte des parents, etc., seraient plus en cause que le bouleversement hormonal.

4 – Pourquoi plonge-t-on dans une dépression?

Cette affection s'accompagne de perturbations chimiques dans le cerveau. Les neurotransmetteurs, petites molécules impliquées dans la régulation de l'humeur, ne transmettraient plus correctement les informations d'une cellule à une autre. Mais les facteurs déclenchant la maladie sont souvent multiples. Les médecins distinguent plusieurs types de dépression. Les plus fréquentes, les dépressions exogènes (exo-extérieur) découlent d'une contrariété ou d'un traumatisme (deuil, séparation), d'une accumulation de stress, ou atteignent les gens anxieux ou phobiques. Dans les dépressions endogènes (endos-intérieur), le terrain familial et génétique est prépondérant. Enfin, on parle de dépressions secondaires lorsqu'elles sont provoquées par un traitement médicamenteux au long cours (certains antihypertenseurs entraînent des modifications chimiques cérébrales), par des maladies graves, source de douleurs prolongées, ou par des affections des glandes endocrines (thyroïde).

5 – Peut-on en reconnaître rapidement les premiers signes?

Une dépression n'est pas toujours facile à reconnaître d'emblée, car beaucoup de gens en refusent—parfois inconsciemment—l'idée et nient leur état. Car c'est encore une maladie «honteuse», taboue, vécue comme un signe de faiblesse, tant par le malade que par l'entourage. Plusieurs symptômes doivent cependant alerter: tristesse et pessimisme intense, sentiment de dévalorisation de soi (on ne se sent plus capable de rien), perte d'intérêt pour les activités professionnelles, du goût de vivre, repli sur soi avec aucune envie de voir du monde (même des amis), diminution de la concentration, trous de mémoire, manque d'appétit, perte de poids, insomnies, fatigue dès le matin, angoisse quant à l'avenir. Tous ces signes n'apparaissent pas en même temps. Le diagnostic de dépression est évoqué lorsque cinq de ces symptômes persistent pendant au moins quinze jours.

6 – Pourquoi les médecins parlent-ils parfois de dépression masquée?

Parce qu'elle peut se cacher derrière divers troubles. Les gens ne sont pas tristes, mais se sentent mal dans leur corps. Ils souffrent alors le plus souvent d'une fatigue importante, d'anorexie avec perte de poids ou, au contraire, de boulimie, d'un mauvais sommeil avec un retard à l'endormissement et des réveils au petit matin sans possibilité de se rendormir, de problèmes digestifs ou cardio-vasculaires (tachycardie, hypertension), de maux de tête, d'une baisse du désir sexuel. Après divers examens, légitimes au début, ces troubles doivent, en l'absence de pathologie, faire penser à une dépression. Le diagnostic surprend d'ailleurs la plupart des patients concernés.

Avez-vous compris? Répondez aux questions suivantes d'après les sections indiquées de l'article.

1. «Dépression et déprime, est-ce la même chose?»
   De la dépression et de la déprime, laquelle est la plus grave?

   _____

   Est-ce qu'on peut sortir de la déprime tout seul? Et de la dépression?

   _____

2. «Est-ce une affection fréquente?»
   Combien de personnes auront une dépression pendant leur vie?

   _____

   Qui risque le plus d'en souffrir?

   _____

3. «On dit que la femme est plus «vulnérable» à la dépression. Est-ce exact?»
   Quel pourcentage des personnes atteintes de dépression sont des femmes?

   _____

   Que font les hommes plutôt que d'être déprimés?

   _____

   Quels événements peuvent provoquer une dépression?

   _____

4. «Pourquoi plonge-t-on dans une dépression?»
   Les médecins distinguent des dépressions exogènes et des dépressions endogènes. Laquelle a une cause génétique? Laquelle vient d'un traumatisme?

   _____

5. «Peut-on reconnaître les premiers signes?»
   Quels sont les symptômes de la dépression?

   _____

   Pourquoi est-ce que le malade refuse souvent l'idée qu'il pourrait souffrir de dépression?

   _____

6. «Pourquoi les médecins parlent-ils parfois de dépression masquée?»
   Quels sont les symptômes d'une dépression masquée?

   _____

   Est-ce que les personnes qui ont une dépression masquée sont tristes?

   _____

Ça y est! C'est à vous!

Une lettre aux auteurs. Maintenant que vous finissez vos études de français avec *Qu'est-ce qu'on dit?*, vous avez sans doute des opinions sur ce qui est important dans un livre de français. Voici votre chance de partager vos opinions dans une lettre aux auteurs. Avant d'écrire votre lettre, faites les exercices suivants pour vous organiser.

 ... supports
SYSTÈME-D
Writing Assistant for French

If you have access to *système-D* software, you will find corresponding grammar, vocabulary, and phrases in the following categories: **classroom; advising; agreeing & disagreeing; comparison; conditional; disapproving; encouraging; imperative; interrogative adverbs; linking ideas; personality; persuading; studies, courses; subjunctive; university; weighing alternatives; writing a letter (formal).**

A. C'est utile? Faites une liste des choses les plus utiles que vous avez apprises dans ce livre et faites une autre liste des choses que vous trouvez les moins utiles.

PLUS UTILES	MOINS UTILES
_____	_____
_____	_____
_____	_____

B. C'est intéressant? Faites une liste des lectures dans le livre et le cahier que vous trouvez les plus intéressantes et celles que vous trouvez les moins intéressantes.

PLUS INTÉRESSANTES	MOINS INTÉRESSANTES
_____	_____
_____	_____

C. Encore des opinions. Complétez chaque phrase par un ou plusieurs commentaires.

Il est très important qu'un livre de français... _____

_____

Il n'est pas nécessaire qu'un livre de français... _____

_____

Dans *Qu'est-ce qu'on dit?* ça m'a plu que... _____

_____

Je préférerais que *Qu'est-ce qu'on dit?*... _____

_____

Dans la prochaine édition, il vaudrait mieux que... _____

_____

Maintenant, écrivez votre lettre aux auteurs.

Cher Messieurs et chères Mesdames,

Je m'appelle _____ et j'étudie le français à _____

où nous utilisons *Qu'est-ce qu'on dit?* _____

_____

_____

_____

_____

_____

_____

_____

_____

_____

_____

J'espère que ces commentaires et suggestions vous seront utiles à l'avenir.

Veuillez accepter, Mesdames et Messieurs , l'expression de mes sentiments distingués.

_____

Text Credits

Page **17** *Phosphore*, no. 134, Bayard Press, 1992; **25** "Quinze ans de loisirs," *Francoscopie*, p. 372, 1993; **26** "Les derniers cafés où l'on cause," *Francoscopie*, p. 207, 1993; **63** "La dé-France et la re-France," *Francoscopie*, p. 105; **83** "Les Français et le cinéma," *Francoscopie*, pp. 390-391; **121** "Familiale," Jacques Prévert, from *Paroles*, Editions Gallimard; **135** Secours Populaire Français; **137** *Elle*, no. 2404, août 1993; **139** "Soyez acteur de l'environnement: signez la charte," *VSD Magazine*, du 26 août au l^er septembre, 1993; **142** Interview with Sony Labou Tansi, *Jeune Afrique*, no. 1564, 1991; **145** Interview with MC Solaar, *Jeune Afrique*, no. 1660, 1992; MC Solaar CD cover, Polydor; **146** "La Devise," BMG Music Publishing; **151** "Le soir, délassez vos pieds!," *Afrique Magazine*, no. 106, 1993; **152** "Je vous remercie mon Dieu," by Bernard Dadié, Editions Seghers; **153** "Apprenez à évaluer vos capacités professionelles," *Amina* magazine, no. 261, 1991; **156** "C'est l'histoire d'une vieille dame," *Jeune Afrique*, no. 1656, 1992; **159** "Dépression: une maladie à prendre au sérieux," *Afrique Magazine*, no. 106, 1993.